SARKOZY ET LA PRESSE

www.editions-jclattes.fr

Hélène Pilichowski

SARKOZY ET LA PRESSE

Histoire d'un désamour

JC Lattès

Maquette de couverture : Atelier Didier Thimonier

ISBN : 978-2-7096-3945-3

À Jean-Guy,
Pour sa présence chaleureuse

À Elsa, Boris et Martin
Mes trois soleils

Sommaire

Avant-propos

« Si tu soutiens Sarkozy, c'est que tu aimes les petits cons. » Cette réplique lapidaire d'un confrère, et ami, du *Nouvel Observateur* me glace. Et s'il avait raison ? Et si je me trompais en refusant de participer à l'hallali sonné par la classe médiatique en ce début d'année 2008 ? Nous sommes le 15 janvier, réunis pour la traditionnelle séance des vœux du Premier ministre à la presse. Tous les journalistes ont encore en mémoire celle du président, une semaine avant. La scène fut maintes fois croquée tant elle a choqué. Piqué au vif par une question cinglante de Laurent Joffrin, Nicolas Sarkozy avait osé riposter. Osé porter le fer contre le directeur de *Libération* qui l'accusait d'avoir instauré une « monarchie élective ». Du haut de son estrade, le chef de l'État voulait lui rappeler l'essentiel : son mandat lui avait été confié par le peuple et non en héritage. Il faisait mine, bien sûr, d'avoir mal compris la question qui visait en réalité un comportement de monarque au terme d'une élection démocratique à la présidence de la République. Et l'hôte de l'Élysée de ponctuer chaque pique de sa diatribe d'un « Monsieur Joffrin » vengeur… La salle où quelque six cents journalistes ont pris place n'en revient pas. Nicolas Sarkozy est aussitôt jugé coupable d'agression. Ce qui n'était pas sans fondement tant il semblait pressé d'en découdre avec le patron d'un quotidien ayant pris position contre lui pendant sa campagne. Il est d'autant plus affecté qu'au temps de son ascension médiatique, de sa complicité naissante avec des chroniqueurs attirés par son parler vrai et son désir de rupture avec la langue de bois, Laurent Joffrin faisait partie de ses admirateurs. Il avait même organisé quelques dîners autour de ce détonant ministre de l'Intérieur… L'éditorialiste à la plume émérite expliquera très vite les raisons de cette mémorable altercation. Des échanges d'une telle véhémence ne sont pas légion dans la grande salle des Fêtes du Palais présidentiel !

Il écrit dès le lendemain un éditorial au vitriol où il souligne que la réponse du président a « entièrement confirmé l'hypothèse » de la monarchie élective. Il tance un chef de l'État « boulimique, allergique à la contradiction », qui « veut englober droite et gauche ». Et cela au point de ne pouvoir accepter qu'« il existe encore un journal d'opposition dans ce pays ». Auteur d'ouvrages incisifs, notamment sur la gauche[1], Laurent Joffrin développera deux mois plus tard sa réplique dans un virulent pamphlet[2]. Rédigée en une lettre à « Monsieur le président », l'introduction résonne comme une déclaration de guerre. « Le sarkozysme est avant tout un autoritarisme droitier inédit en France depuis des lustres », assène-t-il avant de conclure sa missive par un constat sans appel : « Le roi va régner encore pour quatre ans. Mais le roi est nu. » Pire encore pour le premier personnage de l'État, le journaliste se ferait le porte-parole des Français dont « beaucoup pensent plus ou moins bas ce que la majorité murmure presque autant que l'opposition ».

La rupture, mais pas celle que Nicolas Sarkozy exaltait dans sa conquête du pouvoir, venait d'être consommée ce jour-là, huit mois après sa magistrale élection. Dans sa majeure partie, la presse était passée à l'ennemi. Il sera désormais risqué, sauf pour *Paris Match*, peu impliqué dans le débat politique contradictoire, ou *Le Figaro* clairement affiché à droite, d'accorder au président la moindre concession dans un journal généraliste de grande diffusion… À l'affût de ses erreurs, les chroniqueurs vont privilégier ses détracteurs pour commenter son actualité. Très exposé par son mouvement perpétuel,

---

1. *Histoire de la gauche caviar*, Robert Laffont, 2007, et *La Gauche bécassine*, Robert Laffont, 2007, par Laurent Joffrin.
2. *Le roi est nu* par Laurent Joffrin, Robert Laffont, mars 2008.

ne prenant jamais de gants pour sauter d'une réforme à l'autre, l'hôte de l'Élysée leur donnera de la matière journalière pour nourrir leurs dénigrements. Dont les lecteurs, les auditeurs et les téléspectateurs seront sans cesse abreuvés.

Qu'il s'efforce d'appliquer le programme sur lequel il a été élu, ou qu'il en cède une part devant la résistance des lobbies, Nicolas Sarkozy aura toujours tout faux. Pas forcément sur le fond de ses propositions, parfois jugées pertinentes, mais sur la manière dont il les met en œuvre, négligeant trop souvent le consensus indispensable à leur acceptation. Qu'il s'efforce de corriger cette surprenante maladresse par des émissions télévisuelles réussies ou d'incessantes rencontres sur le terrain, cela ne changera rien à l'affaire. Il devient à son corps défendant « un déplorable publicitaire de lui-même[1] ». Un comble pour ce virtuose de la communication politique ! Pour une raison évidente. C'est en fait l'homme qui sera décrié. Pour les « vilains » traits de son caractère, certes. Mais aussi pour avoir péché dans les premiers mois de son mandat, en s'affichant sans complexe parmi les grandes fortunes et en servant sa vie privée sur un plateau à des médias qui n'en demandaient pas tant. Au fur et à mesure de son exercice du pouvoir, les attaques *ad hominem*

---

1. Franz-Olivier Giesbert dans son livre *M. le Président*, Flammarion, 2011.

prendront le pas sur l'objectivité requise par la charte de la profession. Preuve, si besoin était, du penchant de nombre de journalistes pour une gauche qui s'est trouvée plus d'alliés qu'elle ne l'aurait rêvé pour déstabiliser le pouvoir.

Évoquer la réalité, et l'influence, de cette critique façonnée par des élites auto-proclamées peut vite vous envoyer au purgatoire des réactionnaires. Depuis ce 8 janvier 2008, tout se passe comme si prononcer quelques mots pour défendre un résultat positif acquis par le président Sarkozy attestait au mieux d'un manque de clairvoyance, au pire d'une proximité avec l'extrême droite. C'est de cette mise au pilori dont nous voulons parler. En dénonçant la « bien pensance ». Celle qui devient « pensée unique » et restreint de fait la liberté de penser quand elle cache son intransigeance sous des principes intangibles comme l'égalité des hommes, la justice, l'honnêteté. Celle qui jette dans les bas-fonds du lepénisme toute reconnaissance, vite taxée d'indulgence aveugle, du travail présidentiel. Vous devenez d'emblée le ou la « sarkozyste de service », dépourvu(e) de toute acuité intellectuelle. Le provincial « aux idées étriquées » dont se gaussait Voltaire et qui n'est pas digne aujourd'hui de s'asseoir au Flore… Mieux vaut parler dans un déjeuner de presse de la « bêtise de Sarko », y compris devant l'un de ses ministres, que du bien-fondé de la réforme de la carte militaire ou judiciaire. Mieux vaut invectiver sur un plateau de télévision « ce machin qui est à l'Élysée[1] » pour gagner sa place dans l'émission suivante, que de manifester un brin de respect envers le président de la République. L'antisarkozysme est devenu consubstantiel au politiquement correct. Et vous condamne même si vous vous efforcez de trier le bon grain de l'ivraie sarkozienne.

Élisabeth Lévy en a fait l'expérience. Qualifiée avec trois de nos confrères de « réactionnaire professionnelle » dans un article du *Monde*[2], la fondatrice du site *Causeur* se révoltera trois semaines plus tard dans une réponse acerbe au quotidien. Pour elle, cette accusation n'est que l'expression du « sectarisme de nos grandes consciences, comme s'il était par nature bien d'être de gauche et mal d'être de droite ». À cette nuance près que Raphaëlle Bacqué l'épinglait en priorité pour « son discours parfois très raide sur l'immigration en général et l'islam en particulier »… Seules quelques signatures amies, tel Claude Imbert du *Point*, ou des affidés du *Figaro*, sauront résister à cette entropie négative pour le président. Pour une grande majorité, y compris ceux qui lui accordaient un certain crédit le jour de son élection, l'exécration est devenue une obligation.

---

1. L'anthropologue Emmanuel Todd vient souvent exprimer sa détestation du président dans les talk-shows de Frédéric Taddeï sur France 3.

2. « Profession réactionnaire » par Raphaëlle Bacqué dans *Le Monde* du 4 avril 2011.

Toutes les attaques les plus virulentes à la radio, à la télévision, et les Unes les plus dévastatrices dans la presse écrite, deviendront ainsi monnaie courante au fil des ans[1]. Avec parfois une funeste concomitance. C'est tellement tendance ! On l'a vu fin septembre sur la première de couverture des quatre principaux « News » français, en phase pour annoncer la fin de Nicolas Sarkozy[2]. Les photos sont pour la plupart impitoyables, formatées pour desservir le personnage. Hebdomadaire chéri des « bobos », *Les Inrocks* du 5 octobre ont déployé des trésors de créativité pour être dans la tonalité sans leur ressembler. La scène de Une représente un président de taille minuscule sur le point d'être écrasé par un immense pied. Le montage est illustré d'un appel aux électeurs pour la primaire du PS : « Si vous ne voulez plus de Sarkozy, votez. » Comme prévu, la dureté du montage va heurter. « C'est violent, d'une brutalité impressionnante », commentera sur Canal + Nicolas Domenach, pourtant rodé au choc des accroches avec *Marianne*…

Imaginer que cette banalisation des anathèmes et de la caricature n'aura eu aucune influence sur l'opinion serait minimiser à tort le rôle des médias.

––––––––––

1. Voir annexe.

2. *L'Express* : « La chute du clan » ; *Le Point* : « Un parfum de fin de règne » ; *Le Nouvel Observateur* : « Les coulisses d'une fin de règne » ; *Marianne* : « Le boulet ».

Quand Victor Hugo affirmait que la presse avait « succédé au catéchisme dans le gouvernement du monde », ironisant sur « le papier » qui « remplace le pape », il supputait *a fortiori* son importance grandissante à l'échelon de la France. Sans prévoir l'effet amplificateur que lui donnerait un jour l'éclosion des technologies de communication. Sans prévoir non plus la naissance d'une impitoyable concurrence entre les fournisseurs d'information. Aucun effet n'est négligé, même s'il est dévastateur, pour capter l'attention du peuple consommateur. Puisque trop de politique encourage le zappeur, on le retient souvent par la satire. Laquelle devient irrésistible quand la cible exerce les plus hautes responsabilités de la patrie !

Les Français sont devenus des fans du *Grand* et *Petit Journal* de Canal + où la dérision est reine. Une foultitude de sites déversent sur le web leurs saillies contre « le nabot malfaisant » (*sic*). S'ils ont eux aussi fait l'objet de critiques de la presse et le miel d'humoristes cinglants quand ils dirigeaient le pays, les présidents précédents ne furent jamais à ce point vilipendés. Aucun des détracteurs de Nicolas Sarkozy ne semble éprouver la moindre retenue quand il évoque le chef de l'État. Avec toujours la même échappatoire : « Il l'a bien cherché... »

Une petite scène a conforté notre projet d'évoquer ce phénomène inédit dans l'histoire de la Ve République. C'était en octobre 2011 lors d'une signature de la dernière biographie de Serge Raffy[1], organisée dans une librairie du XIVe arrondissement. Il y avait là l'auteur bien sûr, et quelques-uns de ses confrères et amis. Ensemble, ils évoquaient les dernières révélations sur l'affaire Karachi qui empoisonne le président. Racontant son entrevue avec le juge Van Ruymbeke, l'un d'entre eux se réjouissait des révélations dont il allait nourrir son prochain article. « Il m'a tout dit. Il a tous les éléments en mains pour le coincer, même le numéro du compte au Luxembourg. On va bien finir par l'avoir, le nain… » Si le travail du reporter ne souffre aucune critique, son aversion contre l'homme a de quoi surprendre. Elle mérite qu'on s'y attarde un instant.

---

1. *François Hollande. Itinéraire secret*, par Serge Raffy, Fayard, 2011.

Chapitre 1

UNE FAUSSE CONNIVENCE

« Philippe, Bruno, Patrick… » et les autres. C'est la règle d'or de Nicolas. Depuis toujours il tutoie les journalistes auxquels il « parle » et les interpelle par leur prénom. Le « vous » trahirait de la distance. Ou de l'indifférence entre les interlocuteurs. Pire, il prorogerait l'usage de cette langue de bois dont l'étoile montante de la droite voulait se garder. Sa marque de fabrique, c'est le parler franc, premier signe de la rupture avec une tradition politique trop compassée. Ce qui impose à ses yeux le tutoiement. Que l'échange ait lieu dans une conférence de presse très convenue ou dans une rencontre plus informelle, Nicolas Sarkozy affiche sans complexe cette marque de proximité. Sans se soucier de savoir si elle est partagée. Flatté parfois, embarrassé souvent, par ce tu à toi proclamé en public, l'intéressé attend avec impatience que vienne le tour du suivant. Au moins il ne sera pas le seul à s'être ainsi laissé phagocyter, surtout par un leader estampillé à droite. Quand on est un journaliste politique de terrain, autrement dit de la base, on doit préserver son indépendance. Ne jamais laisser transparaître ses inclinations comme le font les éditorialistes accusés d'être commis avec les propriétaires, ou les dirigeants de journaux… On le doit a fortiori si vos idées ne sont pas du bon côté de l'échiquier, c'est-à-dire à gauche, autoproclamée depuis de longues années seule gardienne des valeurs intellectuelles et morales de notre société, et donc seule prometteuse de « papiers » honnêtes et de qualité… « Si les rédactions sont souvent séduites par la gauche, leurs patrons sont traditionnellement plus libéraux que socialistes », relève Raphaëlle Bacqué (*Le Monde* du 20 février 2007), fine exégète des mœurs du microcosme. Mais nonobstant leur appartenance, bien peu de chroniqueurs ont résisté au talent de communicant du jeune espoir du RPR assoiffé de reconnaissance. En dépit de son ancrage franchement à droite, Nicolas Sarkozy aura trouvé des « amis » de toutes tendances parmi le monde journalistique à la vitesse de Facebook, et bien avant internet ! Voir les yeux de Gilles Bresson, notre regretté et subtil confrère de *Libération*, pétiller quand il conversait avec lui et griffonnait aussitôt dans son carnet, en dit long sur cette relation très particulière nouée avec la presse. Une proximité, et une amitié, de près de trente ans qui remonte à sa première « prise » de taille, la mairie de Neuilly en 1983, et surtout à sa nomination comme porte-parole du gouvernement Balladur dix ans plus tard. Pas un journaliste de la presse écrite qui ne le courtise et qu'il ne courtise. Le ministre parle. Toujours attentif à la bonne compréhension de son message. Et rappelle sans tarder tous ceux – il possède une bonne soixantaine de numéros dans ses « favoris » – qui demandent un supplément d'« infos ». Une exclusivité qui saura les valoriser. « Même les stars lui font la cour. Il n'en néglige aucune et cisèle un mot particulier pour chacun… Nicolas ne se révèle pas un simple ministre de la communication. Il est la communication », observe Nicolas Domenach [1] dans une biographie avantageuse qui ne pouvait laisser présager – elle est publiée en 2004 – le combat futur que mènerait le directeur de la rédaction de *Marianne* contre le nouveau chef de l'État.

Quel journaliste peut se targuer de n'avoir jamais succombé au charme d'un échange avec Nicolas Sarkozy ? Spécialiste d'économie à l'agence Reuters, William Emmanuel l'a vu à l'œuvre quand le ministre de l'Intérieur est arrivé à Bercy en 2004. Il raconte cet étrange envoûtement dans un

---

1. *Sarkozy au fond des yeux* par Nicolas Domenach, Éditions Jacob-Duvernet.

ouvrage [1] publié en pleine campagne : « Les journalistes politiques sont tous fascinés par lui. Le secret de Sarkozy est de les faire entrer dans l'intimité du pouvoir. Ils sont flattés de participer à un pseudo-cercle d'amitié. »

À l'inverse de la thèse parfois annoncée, le charme n'agit pas seulement sur les représentantes féminines de la profession ! Même si « la bête politique cherche à assouvir son désir de reconnaissance à travers les regards féminins [2] », sa façon tactile d'aborder l'autre, sans passer par des travaux d'approche plus chronophages, s'adresse aux deux sexes. Mais les gestes un tantinet familiers du premier instant sont aux déjeuners de presse ce que les zakouskis sont aux dîners russes. Une mise en bouche avant les mets composés de subtiles paroles dont le maître a le secret. De l'inédit, du jamais entendu, du piquant. Les journalistes en raffolent. « Bluffant, époustouflant », c'est plutôt ce que l'on entend au sortir d'un déjeuner place Beauvau, où l'hôte des lieux, ministre de l'Intérieur de Jacques Chirac, vient d'évoquer pourquoi il voulait porter le Conseil français du Culte musulman (CFCM) sur les fonts baptismaux. Sa distinction entre l'Islam en France et l'Islam de France fascine les

---

1. *Nicolas Sarkozy, la fringale du pouvoir* par William Emmanuel, Flammarion, 2007.

2. *Sarkozy et les femmes*, par Caroline Derrien et Candice Nedelec, Jean-Claude Gawsewitch.

convives. Comme le récit de ses entretiens avec les responsables religieux. Il sait aussi les régaler en leur racontant comment il se fait traduire en français les prêches des imams afin de détecter ceux qui se retrouveront dans le collimateur du premier flic de France pour incitation à la violence. Puis vient le dessert avec son chariot de gourmandises. Beaucoup à base de chiraquie. Un must en « off », évidemment. On apprend comment, pendant l'été, il a envoyé via la presse « une carte postale par jour à Chirac » pour se rappeler à son bon souvenir. Des piques sur les errements du gouvernement Villepin circulent comme des mignardises. Sis à l'Élysée juste en face, le président de la République, moins agile sur la scène médiatique, s'agace de l'effervescence autour de « son » ministre et promet à ses proches de mieux le tenir. On connaît la suite.

Celui qui devait exécuter quand lui décidait – « je décide, il exécute », avait tonné Jacques Chirac devant des millions de téléspectateurs – va bientôt lui imposer son tempo… Il sera candidat à sa succession et il gagnera. Car il est convaincu d'avoir le quatrième pouvoir avec lui. Sinon à sa botte, du moins dans sa poche. Il adore s'en prévaloir. Ce sont tous de « vieilles » connaissances. Les grands patrons du secteur, propriétaires ou actionnaires de groupes puissants, Arnaud Lagardère, Martin Bouygues, Bernard Arnault, François Pinault, Serge Dassault, Vincent Bolloré, pour ne citer que les plus importants, auxquels s'ajoutent ceux qui tirent les ficelles, comme Alain Minc, alors président du conseil de surveillance du *Monde*, et les directeurs de rédaction. Mais aussi les plus petits acteurs, les sans-grade. Car s'il est une chose que Nicolas Sarkozy a comprise mieux que tous les leaders politiques de son niveau, c'est la prééminence de ceux qui relatent l'actualité au quotidien. Les « plumitifs » d'un côté et les « porteurs de micro » de l'autre, comme les nomment avec condescendance les contempteurs de cette évidence. Il sait chanter avec eux, des tubes de Johnny ou de Joe Dassin, comme à l'Hermitage de La Baule au soir de ce 2 septembre 2005. Dominique de Villepin avait tenté de l'humilier le matin en apparaissant tel Kennedy sortant des vagues et secouant sa noble crinière sur la plage pendant que lui, légèrement souffrant, l'attendait un peu plus loin à la terrasse de l'Eden Beach pour un tête-à-tête d'explication. Les photographes mitraillent la scène. Dominique le magnifique se reflète dans les Ray Ban de Nicolas qui fulmine. Un océan les sépare. Président de l'UMP en quête de son Graal, il sent que le Premier ministre cherche aussi le sien. Mais lui, si bien doté par sa naissance et poulain préféré de Jacques Chirac, n'a pas sa petite chorale, tous ses « amis » journalistes pour jouer ensemble à « Salut les copains ». À les voir pousser la chansonnette comme des fans autour de leur idole, Nicolas Sarkozy comprend qu'ils sont prêts à le suivre partout à ce rythme effréné. Qu'ils partiront sans barguigner avec lui sur la route de l'Élysée. Une relation de confiance était née. Mieux, une complicité. Il pouvait les embarquer.

C'est Philippe Ridet, journaliste du *Monde* accrédité pour la campagne sarkozyste de 2007, qui décrira avec le plus de sagacité la complexité de ce statut d'*embedded*. Emprunté au vocabulaire américain, le mot s'applique aux reporters désignés pour accompagner le candidat de l'UMP dans sa conquête de la magistrature suprême. « Enrôlé comme ces journalistes dans l'armée américaine pendant la guerre en Irak », traduit l'auteur d'un article savoureux, « Ma vie avec Sarko », publié dans le quotidien du 20 février 2007. « Nous prenons ses trains, ses avions, partageons ses hôtels [...]. Il remplit nos carnets de notes. Nous sature [...]. L'avion n'a pas plutôt décollé que Nicolas Sarkozy est parmi nous. Il salue les visages connus, d'une poignée de main virile, d'une bourrade, d'une bise et – surtout – repère les inconnus. » Sur l'immense photo qui barre les deux pages du reportage, on croit voir les ondes qui passent entre le candidat, assis les mains jointes le regard tourné vers le ciel, et le cercle des journalistes *embedded* qui l'entourent. Comme il le fait toujours avec ses interviewers, et nous en avons fait l'expérience, l'homme en campagne insiste, pédagogue, pour que « tous » saisissent bien sa pensée et puissent la relater sans difficulté. En prenant le soin de ponctuer ses réponses d'une apostrophe à l'adresse de celui, ou celle, qui a posé la question : « Tu sais Philippe combien je suis sensible à... », ou de dégainer une phrase à la cantonade du style : « Vous êtes quand même extraordinaires, vous les journalistes, vous raisonnez comme les socialistes ! » L'aréopage sourit, à la fois amusé par un tel aplomb et nostalgique des années Chirac où les entrevues très « convenables », selon son vocable providentiel, étaient la règle. Amoureux du contact plus que du concept, l'ex-président savait toutefois ménager aux journalistes des moments plus propices aux apartés informels où ils en apprenaient davantage qu'à la lecture de ses célèbres fiches insipides consignées sous plastique transparent. Prudent et pudique, il a toujours su, à la différence de son successeur salué sur les marches du Palais, se mettre à l'abri du geste ou de la petite phrase qui peut en un clin d'œil renverser un destin. Il avait été surpris une fois à manier la gaudriole dans une enceinte qui l'interdisait, et s'était juré qu'on ne l'y reprendrait pas... C'était lors d'un Sommet européen en 1986, quand la vitesse de propagation d'Internet ne transformait pas encore les bévues des politiques en déflagrations dévastatrices. Croyant son micro fermé, Jacques Chirac s'était « lâché » devant l'intransigeance de Margaret Thatcher. « Mais qu'est-ce qu'elle me veut de plus, cette ménagère ? Mes couilles sur un plateau ? » La phrase, restée dans les annales de la presse, l'avait quelque peu déstabilisé.

S'il pouvait plaisanter avec des journalistes, la retenue était toujours de mise.

Car ce joyeux compagnonnage, que Nicolas Sarkozy déguste avec autant de volupté que les chocolats, n'a pas que des avantages. L'auteur d'un article incisif n'est jamais à l'abri d'un revers cinglant, comme un palet de noir trop amer qu'il peut remiser dans sa boîte. Accompli en public, le geste devient indigeste. D'autant que le « tu » autorise un langage familier : « Toi qui n'écris pas toujours que des choses intelligentes », et vlan ! le charme est rompu. Mais pas pour longtemps. Il est faux de dire que Nicolas Sarkozy aime faire de la peine. Punir, humilier les insoumis. Non, il veut qu'on l'aime et s'efforce de cajoler, dans un délai raisonnable pour ne pas se dédire, celui qu'il vient de rabrouer parce qu'il lui avait manqué… « Pour l'amadouer et le corseter », corrigent ceux qui sont devenus ses ennemis et attendent l'heure de la vengeance. Un journaliste politique émérite d'un grand hebdomadaire raconte comment il s'est promis de ne plus jamais le rater. « Début septembre 2006, nous étions toute une tablée autour du président de l'UMP à l'Université d'été du parti à Marseille, quand au beau milieu du dîner, il a pointé son doigt vers moi et lancé : "Ce que tu as écrit est indigne et ça ne m'étonne pas de toi. Je saurai m'en souvenir." À ce moment-là, je me suis dit que je saurai moi aussi ne rien laisser passer. » La vexation lui semblait disproportionnée.

N'avait-il pas simplement rapporté la réponse de Nicolas Sarkozy à qui il demandait dans une interview quel était son meilleur souvenir ? « Au lendemain de l'émission *100 minutes pour convaincre*, quand j'ai appris l'audimat », avait répondu le ministre de l'Intérieur… Si l'écho était effectivement anodin, le commentaire se voulait en réalité plus cruel. « Comme quoi, ce qui intéresse Nicolas Sarkozy, ce n'est pas d'agir mais d'être au centre des regards », avait ironisé l'auteur à la manière d'un échotier du *Canard enchaîné*.

Il n'est pas indispensable d'avoir un contentieux avec Nicolas Sarkozy pour tenter de comprendre cet étrange glissement de la fascination à la répulsion qu'il inspire aux journalistes. Aujourd'hui en poste à Rome pour *Le Monde*, Philippe Ridet s'y est attelé. Incisif, son ouvrage[1] publié en avril 2008 n'a pourtant rien d'une charge contre l'actuel président. S'interrogeant sur la déliquescence des relations du chef de l'État avec la presse un an après une élection qui les avait si bien forgées, déplorant des « face-à-face qui transpirent de méfiance et de violence rentrée », il les analyse comme la fin d'une liaison contre nature. « Parce que nous voulons échapper au soupçon de connivence, nous avons établi des barrières de fil barbelé, un rapport de forces qui nous protège. » Peut-être. Mais pour être perspicace,

---

1. *Le Président et moi*, par Philippe Ridet, Albin Michel.

l'auteur passe sous silence ce qui, à notre sens, se révélera comme l'essence même de cette rupture. S'ils ont été un temps charmés par les manières peu académiques du personnage, s'ils ont pu considérer qu'elles ne l'empêchaient pas d'être un bon ministre, nombre de journalistes, pour ne pas dire la majorité d'entre eux, considèrent qu'elles sont devenues rédhibitoires pour celui qui a franchi les portes de l'Élysée. Arlette Chabot, qui côtoyait Nicolas Sarkozy depuis plus de vingt ans quand il fut élu président, estime qu'il aurait dû d'emblée « supprimer le tutoiement ». Elle le lui a suggéré. Il a refusé, invoquant son souhait de « continuer comme avant ». Comme ces copains de régiment qui ont fait la guerre ensemble et se taperont sur l'épaule toute leur vie, quel que soit leur rang. Une erreur de jugement qui incitera les journalistes à s'affranchir de l'illustre maxime d'Hubert Beuve-Méry, fondateur du *Monde* – « Le journalisme, c'est le contact et la distance » –, alors qu'ils prenaient conscience de son importance… Avec le chef de l'État, détenteur de l'autorité et fondé à demander le respect, la distance s'imposait. « Pour que chacun puisse rester à sa place », précise la directrice de l'information d'Europe 1. En l'absence de cette exigence, foin de toute déférence !

Pourfendeurs de l'action présidentielle dans *Marianne*, Nicolas Domenach et Maurice Szafran en font l'aveu dans leur livre [1] où ils trahissent le « off » recueilli pendant de nombreuses années de proximité avec Nicolas Sarkozy. Puisque le temps de la distance qui seule autorise la vraie critique objective n'était pas venu, ils s'estimaient libres de leurs propos. Exonérés de toute censure face aux confessions récoltées au temps des contacts rapprochés. Autorisés à livrer à la vindicte des amateurs de « hard » des morceaux volontairement choisis dans les moments noirs de leur ancien « ami ». Mais loin de donner lieu, comme le veut la méthode platonicienne, à une recherche de la vérité par un examen des points recueillis, l'essai confine à l'abattage. Ce qui était leur intention initiale. Avec jubilation et mépris, les deux journalistes étalent toute une série d'anecdotes où Nicolas Sarkozy apparaît « vulgaire », « grossier », « cogneur », « puéril », « goujat », « égoïste »… Trahissant allègrement les secrets d'antan, ils déballent dans le détail les quolibets qu'il a pu lancer devant eux contre ses pairs de la classe politique. Plus grave encore, les « auteurs » – c'est ainsi qu'ils se nomment dans l'ouvrage –, convaincus d'appartenir par leur plume agile à l'élite intellectuelle du pays, décrivent avec dégoût les « tics » de ce « type » dont le physique détonnerait dans les salons du palais présidentiel. Lequel aurait osé les « toiser », « campé sur sa banquette élyséenne, les cuisses larges

---

1. *Off. Ce que Nicolas Sarkozy n'aurait jamais jamais dû nous dire*, par Nicolas Domenach et Maurice Szafran, Fayard.

et largement écartées, avec le sans-gêne du propriétaire »… Ils justifieront leur lâchage du « off » lors de leur marathon promotionnel qui suivra opportunément la sortie de leur satire en librairie. Cela au moment où Nicolas Sarkozy touche le fond des humeurs sondagières et qu'il leur est facile de trouver micros, plateaux de télévision et plumes attentionnés pour les écouter déblatérer et faire bon usage de leur dépeçage… Tout l'argumentaire dévidé en boucle tient dans le postulat inscrit sur la quatrième de couverture : « Nicolas Sarkozy ayant transgressé la loi de l'incarnation présidentielle, les auteurs se trouvent affranchis de la loi du silence. » Et surtout « ils renoncent à la connivence »… CQFD. Si le candidat avait pu les séduire par cette complicité inédite avec les journalistes, le président ne leur inspirait que répulsion. Ami avec le candidat canaille oui, ami avec un président ignorant des codes de l'élite, non ! Alors pourquoi se priver, puisqu'il a de surcroît renoncé aux petites confidences qui nourrissaient le magazine ? Nul doute qu'en livrant « un Sarkozy brut de décoffrage », ils escomptaient une place de choix dans le hit-parade des meilleures ventes, assortie d'un joli profit commercial. Pour la galerie, ils avaient habillé leur ouvrage d'un plus noble dessein : faire œuvre de salubrité publique, en montrant que la presse disait vrai, qu'elle avait bien rompu avec « la fausse connivence » des années dépassées.

Chapitre 2

L'USURPATEUR

Le 14 janvier 2007 à la Porte de Versailles, ils l'avaient observé, dubitatifs. Écouté, interloqués. Paraphrasé, railleurs. Non, les journalistes présents ne le croyaient pas. Nicolas Sarkozy ne pouvait pas « changer » comme il le répétera dix-huit fois dans ce discours d'investiture qui envoûte l'auditoire venu boire ce *mea culpa*. Cet acte de contrition, peaufiné au millimètre par Henri Guaino, ce n'était pas lui. « Il s'aime tellement », ironisaient-ils à l'envi. Cette voix de velours, travaillée avec des proches, n'était qu'artifice. « Il est le roi des coups de gueule, je l'ai entendu moi… » Et ce calme affiché cherchant à contenir le volcan perpétuel ne trahissait-il pas une extravagante « opération de com » ? Dans les travées de la presse, les plus avisés jurent qu'ils ne s'y laisseront pas prendre. Que les paroles doucereuses sur Jaurès, Blum ou Ferry et les (faux ?) accents du gaulliste social seront vite broyés par le rouleau compresseur de la « Sarkologie » droitière du ministre de l'Intérieur. Et pourtant... Si certains commentaires insistent le lendemain sur les dépenses fastueuses du Congrès, reprenant avec délectation les propos du député « bayrouïste » Maurice Leroy[1] qui fustige « le cinéma et la gabegie financière » de l'opération, la presse dans son ensemble s'interroge. Et si cette intronisation avait marqué les esprits ? Dans l'édition du *Monde* datée du 16 janvier, son directeur Jean-Marie Colombani estime que « la question est de savoir si, en se muant en candidat, le numéro deux du gouvernement n'a pas revêtu de nouveaux habits pour camper un nouveau Sarkozy ». Une crainte que vient aussitôt confirmer le premier sondage (IFOP pour *Paris Match*) qui place le champion de la droite devant Ségolène Royal avec 52 % des intentions de vote au second tour contre 48 % à son adversaire socialiste, et un rapport inverse de 49 à 51 précédemment.

Une fois acceptée l'hypothèse d'une victoire du prétendant de droite, ou du moins la légitimité de son affrontement final avec Ségolène Royal, les journalistes vont s'efforcer de faire montre d'objectivité. La consigne est claire dans toutes les rédactions qui se calquent sur les exigences du CSA (Conseil supérieur de l'audiovisuel) : la même place

---

1. Maurice Leroy, député du Loir-et-Cher, sur France-Info le lundi 15 janvier 2007 dans l'émission « Question d'Info ».

doit être accordée aux divers concurrents. Ou du moins en fonction de leur importance avant que la campagne « officielle » (le deuxième lundi avant le premier tour) n'impose une stricte égalité entre tous. Ce sont d'ailleurs les sondages qui mènent la danse, les éditorialistes se contentant souvent de quelques variations autour de leurs prédictions en guise de prise de positions...

Encore meurtris par leur échec du 21 avril 2002 – aucun n'avait réellement prévu le score de Jean-Marie Le Pen – tous les instituts de conjoncture ont tendance à magnifier le résultat du leader d'extrême droite. « On corrige à la hausse les intentions de vote en faveur du candidat du Front national pour ne pas retomber dans les mêmes erreurs », explique Roland Cayrol, alors directeur du CSA, dont les estimations favorisent presque toujours Ségolène Royal. Logique, elles ne prennent pas en compte le grignotage des voix frontistes par Nicolas Sarkozy. Le politologue n'est pas le seul à croire que la gauche va l'emporter. C'est son tour... Son droit. Son impératif catégorique. Elle « doit » laver l'affront fait à Jospin lors du précédent scrutin. S'inscrire aussi dans la modernité, à l'instar du Chili qui a consacré Michelle Bachelet, en portant une femme à la magistrature suprême. Et surtout battre ce candidat iconoclaste dont les thèmes de campagne heurtent en réalité la bien-pensance française. Nous y voilà.

À l'approche de la date fatidique, les plumes vont se délier. Le futur ministère de l'Identité nationale et de l'Immigration, les gènes du suicide et de la pédophilie, le communautarisme, le soutien à Bush, le travailler plus, le nettoyage des banlieues au Kärcher…, la presse rassemble derrière ces lignes jaunes trop allègrement franchies les morceaux d'un portrait-robot du candidat à battre. Mais pas seulement pour ses idées. Derrière ce programme que certains jugent irréaliste au plan économique et d'autres peu recommandable au plan moral, c'est la personne qui est en cause. D'abord est-il honnête ? Orfèvre, et donc crédible, en la matière, *Le Canard enchaîné* dégaine le 28 février 2007 avec une manchette de choc en haut de sa Une : « La trop belle affaire immobilière de Sarkozy. » L'hebdomadaire satirique affirme que lui et son épouse Cécilia ont acquis, en 1997, leur appartement de Neuilly dans des conditions avantageuses. Le lièvre soulevé est aussitôt saisi par les quotidiens. Jacques Follorou et Piotr Smolar poussent les investigations pour *Le Monde* et signent dès le 1ᵉʳ mars un article étoffé d'une foultitude de détails sur les travaux effectués à bon compte afin d'étayer les accusations. Le même jour, *Libération* choisit d'appuyer là où ça fait mal : « Impôt sur la fortune de Sarkozy : le soupçon », titre le journal qui insiste sur la sous-évaluation des biens du candidat dans sa déclaration d'ISF. En visite à Madrid, celui-ci s'indigne devant la presse qui lui demande des explications. « C'est simplement pour salir », rétorque-t-il en promettant de fournir tous les justificatifs propres à montrer son honnêteté. Sans doute marginale, l'affaire n'aura pas l'impact escompté. Mais le mal est fait. Non seulement il serait le héraut d'une droite dure qui heurte les fondements de notre démocratie pour concurrencer le Front national, mais il serait aussi un profiteur. Voire un fraudeur. Pire, le savon passé au téléphone à Édouard de Rothschild témoignerait d'une absence totale de self-control. L'appel incendiaire à son « ami », actionnaire majoritaire du quotidien qu'il qualifie au bout du fil de « journal de merde », est confirmé en conférence de rédaction par son directeur Laurent Joffrin. Qui se délecte à rapporter ce que l'« ami » lui a raconté. Même si Nicolas Sarkozy a agité au bout du fil la menace d'une probable défection de tout financier à venir pour l'épauler, son interlocuteur a, de ses propres dires, « bien ri ». C'est du moins ce que relate auprès de ses collaborateurs le patron de *Libé*, pas mécontent d'avoir ainsi mis au grand jour le caractère exécrable du candidat et sa propension à intervenir dans les médias. Pas fâché non plus d'imputer à cette déviance le refus du candidat de l'UMP d'être à ce moment-là, comme l'avaient été auparavant Ségolène Royal et François Bayrou, l'invité spécial de la rédaction. « Je n'accepte pas la démolition systématique », aurait-il alors argué, fustigeant un « journal qui fait profession de [m'attaquer] matin, midi et soir ». Irascible au point d'être agressif, Nicolas Sarkozy était peut-être dangereux.

Le message devait passer. Il sera placardé le 18 avril sur une nouvelle Une meurtrière de *Libération*. « L'inquiétant Monsieur Sarkozy. » Dans un dossier de deux pages, la rédaction appuie sa charge en relatant de multiples anecdotes de campagne. Il ne parviendrait pas à gommer son « image d'excité anxiogène qui lui colle à la peau » avec ses « incessants tics et grimaces ». *Le Monde* le fera à sa manière. Plus policée mais non moins assassine. Et pour cause. C'est à l'UMP que l'on « s'inquiète de l'anti-sarkozysme », affirme le grand titre de l'édition du 20 avril à deux jours du premier tour, tandis que le long et tortueux éditorial de Jean-Marie Colombani se termine par un appel à voter Ségolène Royal au nom de « l'impératif démocratique ». La messe était dite dans le quotidien tricolore qui fait référence sur la scène internationale. Le terrain avait d'ailleurs été soigneusement balisé le 10 avril par son « service France ». Lequel relatait avec la caution du récit anonyme, et donc impartial, les propos de ceux qui font peser un doute sur « la personnalité de M. Sarkozy, enjeu de fin de campagne ». Étaient montés au créneau ses deux principaux adversaires du premier tour, Ségolène Royal et François Bayrou, mais aussi des seconds couteaux comme le socialiste Julien Dray invoquant

« un écorché vif » qui « ne peut vivre que dans la tension », Arnaud Montebourg posant pour cette même raison « la question de son aptitude », ou encore Azouz Begag, ex-collègue gouvernemental du ministre de l'Intérieur qui ne fait pas mystère de sa détestation à son égard dans un ouvrage[1] où il fustige sa « brutalité ».

Pas un mot attestant d'une éventuelle qualité n'a pu être relevé par « le service France ». Entre-temps, *Le Canard enchaîné* apportait son écot dans son édition du 21 mars en y dévoilant une autre sainte colère capable d'installer durablement le doute sur l'irritabilité maladive du candidat. Le énième incident du même genre se serait produit le dimanche précédent à l'émission politique de Christine Ockrent, *France Europe Express*, sur France 3. En cause, l'accueil défaillant de l'interve-nant arrivé en fanfare « avec une escouade de gardes du corps, de conseillers et sa maquilleuse person-nelle » et prié de patienter dans sa loge en atten-dant son tour. Et de menacer de quitter les lieux et de saisir la direction de la chaîne pour protester du mauvais traitement qui lui était infligé... Pour celui que l'on accuse déjà d'emprise sur les médias – *Les Inrockuptibles* du 27 mars publient un dossier dénonçant son art de la « manipulation » – force est de reconnaître que la méthode révélée sur la place publique joue plutôt contre lui !

---

1. *Un mouton dans la baignoire* par Azouz Begag, Fayard, 2007.

En réalité il le sait mais n'en a cure. Il veut en finir avec l'hypocrisie qui impose aux hommes politiques de faire montre d'amabilités avec les journalistes même lorsqu'ils les maltraitent à longueur de colonnes. Lui leur rend les coups, quitte à en prendre davantage et à tenter, le pire des affronts pour des professionnels drapés dans leur indépendance, de s'en référer à leurs patrons pour les corriger… De ces accointances dont il se sert à ciel ouvert naîtra le grand malentendu avec la presse. Croyant influer sur les possédants des grands organes médiatiques, il irrite leurs salariés par ses interventions. Imagine qu'il peut se laisser aller en toute impunité à bien des écarts. En oubliant que celui qui porte jour et nuit son matériel sur le dos dans son sillage pour un modeste salaire ne lui passera rien, lui qui « soutient les riches de Neuilly ». Et que ce n'est pas son boss qui lui tient le micro ou guide les mains de ses salariés sur le clavier. L'effet néfaste d'une telle illusion vient de se faire sentir en ce mois d'avril. *Marianne* en fera l'argument majeur de son anti-sarkozysme. L'hebdomadaire promet ainsi de faire découvrir dans son édition d'avant premier tour « le vrai Sarkozy », c'est-à-dire de révéler « ce que les grands médias n'osent pas ou ne veulent pas dévoiler[1] ». En l'occurrence, la possible accession au pouvoir d'un « personnage qui fait peur ». Sous la plume de

____

1. *Marianne* du 14 au 23 avril 2007.

Jean-François Kahn qui prétend se « libérer de la conspiration du silence » et avec l'aide de plusieurs collaborateurs, on voit se dessiner sur treize pleines pages illustrées de portraits peu flatteurs le profil d'un « homme fou » qui « ne parvient jamais à censurer son tempérament ». Parce qu'il invective les journalistes, cherchant à « éradiquer toutes les concurrences potentielles et à neutraliser, à étouffer contestations et critiques », il serait à coup sûr atteint de cette folie « qui servit de carburant dans le passé à bien des apprentis dictateurs ». Et qui représente « un formidable danger pour la démocratie et la République ». CQFD. Ce numéro hors normes ayant connu un vrai succès avec plus de 500 000 exemplaires vendus (contre moins de 300 000 en temps « normal »), *Marianne* réitérera la semaine suivante, au lendemain du premier tour, en dénonçant « ce qu'il y a de Bush en lui ».

Qu'importe son programme, sa détermination à le mettre en œuvre, la France s'apprêtait à élire un grand malade. Ancrée dans cette conviction, la classe médiatique ne s'en départira jamais. Persuadée dans sa majorité que pour ces raisons, son entrée à l'Élysée serait une usurpation. Fort de son score du 6 mai 2007 où il triomphe avec plus de 53 % des voix contre Ségolène Royal, Nicolas Sarkozy n'aura de cesse de lui tenir la dragée haute. Comme s'il se vengeait des frustrations d'une enfance où il s'est toujours senti le moins bien doté de sa famille, il allait montrer sa supériorité à tous ces publicistes qui ne le jugeaient pas à la hauteur de sa fonction. Ne lui avait-on pas rapporté qu'ils plaisantaient dans les salles de rédaction sur ses talonnettes, indispensable accessoire du « nabot » ? Qu'ils se délectaient à écouter Dominique de Villepin leur parler du « nain » qui n'était « pas au niveau de l'élection suprême » ? Pouvait-il oublier leur affluence et leurs applaudissements à la confé-rence de presse de François Bayrou d'entre les deux tours, lorsque le « troisième homme » de la prési-dentielle, si fier de ses 18 %, refusait de se prononcer pour l'un des deux finalistes de la course à l'Élysée ? Le candidat centriste n'avait-il pas enivré la salle archicomble de l'ancien Hôtel Inter-continental en multipliant les circonlocutions, avant d'annoncer qu'il « commençait à savoir pour qui il ne voterait pas » ? Eh bien non. Il n'allait pas se renier pour plaire à cet auditoire ennemi. Il leur montrerait, à ces journalistes promoteurs du « TSS » (« Tout sauf Sarkozy ») qui s'étaient préci-pités pour adouber le candidat centriste, qu'il peut gagner sans eux. Malgré eux. Malgré leur désir de noircir des sondages qui lui promettent une victoire confortable le 6 mai. Malgré leur zèle pour détecter l'erreur capable de contredire les pronostics des prophètes de son bonheur. « Sarkozy peut-il perdre ? », s'était même interrogée sur six pages Catherine Pégard dans *Le Point* (26 avril 2007). Devenue peu après conseillère du nouveau président, elle voulait à l'évidence ne pas laisser transparaître la moindre allégeance au regard de ses confrères. Montrer qu'elle aussi, avait l'intelligence du doute…

Eh bien non, Nicolas Sarkozy ne chercherait pas à se rapprocher du modèle si « convenable » qu'affectionnait Jacques Chirac pour échapper aux railleries de cette bien-pensance qu'il honnit. Ce serait abjurer. Renoncer à cette rupture dont il avait fait son mantra pour la conquête de la magistrature suprême. Il serait lui-même, sans cette légitimité dynastique que la presse accorde en réalité à ceux qui veulent, et peuvent, rentrer dans le moule présidentiel formaté par de Gaulle : être grand, au propre et au figuré. Au-dessus de la mêlée, des plaisirs futiles qu'affectionnent les « petits ».

La soirée au Fouquet's du 6 mai, caricaturée en octobre par la plume incisive d'Ariane Chemin et de Judith Perrignon [1] comme le marquage en lettres d'or de la future politique en faveur des « happy fews », aura-t-elle été, avec les quarante-huit heures à Malte sur le yacht de Vincent Bolloré, le vrai ratage initiatique dont il ne soupçonnait pas la facture astronomique ? Le vrai péché originel qui pèsera lourdement sur le passif du quinquennat ? Que nenni. Il juge la faute vénielle, fût-elle entonnée par le monde médiatique comme une antienne contre lui. Pour le président, ce sont les

---

1. *La Nuit du Fouquet's* par Ariane Chemin et Judith Perrignon, Fayard.

journalistes qui montent en épingle une bagatelle. Il le répète à ses proches : « Je suis resté vingt minutes au Fouquet's, c'est mal ? » Pas question de *mea culpa* comme certains le lui conseillent. Persuadé qu'une conférence de presse explicative aurait des allures de correctionnelle, il préfère se taire. Tenir tête à ceux qui pensent déjà pouvoir entamer son capital électoral. Sa cote de popularité culmine à 65 %. Il l'estime assez confortable pour payer le prix de quelques défections. En sous-estimant le poids d'une presse à l'hostilité grandissante.

Certes le président fraîchement élu avait imaginé autrement ses débuts. Et même prévu un séjour plus sage en Corse. L'hôtel avait été retenu. Il voulait, nous assurait-il lors d'un entretien avec la presse quotidienne régionale le 27 avril au QG de la rue d'Enghien, « prendre un moment de nécessaire recul après le fracas de la campagne… ». Se « retirer dans un lieu isolé pour aller vers ce rendez-vous non pas avec légèreté mais avec gravité et concentration ». Effectuer, en somme, une vraie retraite préparatoire. Cécilia en ayant décidé autrement, il a obtempéré. Traqué par les photographes, vilipendé par ses adversaires de gauche qui dénoncent ces « vacances de milliardaires », et font déjà le bonheur des médias, Nicolas Sarkozy écourtera l'escapade jugée coupable. Sa retraite sur la grande bleue fait des vagues. « Finie la voix vibrante des meetings évoquant les ouvriers délaissés par tous ou la France qui se lève tôt », dénonce avec logique Patrick Apel-Muller dans *L'Humanité* du 9 mai. D'ordinaire modérée, la presse régionale se fait aussi ce jour-là l'écho d'une France laborieuse. « Il oublie Blum ou Jaurès, ce qui ne constitue pas une surprise », relève Philippe Waucamp dans *Le Républicain lorrain*, tandis que sous la plume de Jacques Camus, *La République du Centre* juge que le brusque changement de cap pour sa retraite « altère l'image donnée dimanche soir par un Nicolas Sarkozy rassembleur et humble ». Le tout nouveau chef de l'État a-t-il entendu le message ? Probable. Il fera sa première, et rare, concession au politiquement correct en saisissant la perche que lui tend Jacques Chirac.

Encore président jusqu'au 16 mai, ce dernier le prie d'assister à ses côtés aux cérémonies de commémoration de l'abolition de l'esclavage. Mais c'est juré, craché, journée de repentance ou pas, il ne regrettera rien devant ses censeurs des médias, ce séjour sur le *Paloma* n'ayant « pas coûté un sou aux contribuables ». Il le répète à quiconque tente de le mettre en garde : « Le luxe n'a rien de répréhensible. J'ai pas l'intention de m'en priver. » Seul compte le « mérite » de ceux qui en profitent, assène-t-il comme un leitmotiv. En oubliant peut-être ce conseil, et bien d'autres par la suite, d'Isocrate à Nicoclès : « Ayez de la magnificence dans vos vêtements comme dans tout ce qui peut contribuer à l'éclat de votre personne, mais soyez simple et austère dans le reste de vos habitudes, comme il convient aux hommes qui gouvernent, afin que ceux qui aperçoivent la magnificence qui vous environne vous croient digne de régner, et que ceux qui vous approchent, voyant la force de votre âme, conçoivent de vous la même opinion. » Malgré le retour salvateur, l'état d'urgence des relations du président avec la presse était proclamé, son image écornée. Ce n'est plus la voiture de la victoire qui le reconduit à l'Élysée mais une ambulance. Il pense que la blessure est superficielle. Qu'il a su soigner bien d'autres plaies et sublimer sa souffrance dans une combativité renforcée. Las… Il ne se remettra pas de sitôt de sa croisière maltaise. « Les tireurs qui baliseront son chemin jusqu'à la fin du quinquennat vont lui rappeler très vite qu'un président de la République ne peut se remettre de la plus grave des ruptures : celle de la bienséance. L'accident avait eu lieu sur le yacht de Vincent Bolloré.

Chapitre 3

L'HYPER-PRÉSIDENT

« Kennedy est revenu, il s'appelle Sarkozy. » C'est Christophe Ono-dit-Biot qui l'écrit dans *Le Point* du 24 mai 2007. Le jeune journaliste écrivain de l'hebdomadaire – il est aujourd'hui directeur-adjoint de la rédaction en charge de la culture – ne fait pas que plagier ce que le nouveau président a lui-même lancé lors de la (trop ?) célèbre soirée du 6 mai au Fouquet's : « Vous avez aimé Jackie Kennedy, vous adorerez Cécilia Sarkozy. » Il fait chorus avec le sentiment du moment. Ou du moins ce qui affleurera au lendemain de la cérémonie d'investiture. Oubliée, la mauvaise séquence de l'après-victoire… Pas de fausse note dans la presse du 17 mai qui s'incline unanime devant une journée à la fois solennelle et moderne, une journée qui fait « basculer la France d'une époque à une autre » (*Le Parisien/Aujourd'hui en France*). Même Laurent

Joffrin abandonne le temps d'un éditorial sa mission d'opposant pour évoquer un « signal clair » lancé par le nouveau chef de l'État qui a parlé d'« ouverture » à gauche et choisi Guy Môquet, jeune militant communiste fusillé par les nazis en 1941, comme héros emblématique de son intronisation. Mais si *Paris Match*, *VSD*, *Point de vue*… se délectent encore la semaine suivante des images de cette « grande famille recomposée », d'autres hebdos traquent déjà les dangers qui planent dans le ciel de Nicolas Sarkozy. En évoquant encore, dans *Le Nouvel Obs*, le « goût du luxe » de l'ancien avocat d'affaires et sa « fascination pour la réussite », ou en appuyant, dans *L'Express* là où ça fait mal avec ce titre de Une : « Un couple à l'épreuve du pouvoir ». Rien ne pouvait davantage blesser celui qui avait promis à Cécilia de gravir avec elle les marches du Palais et qui la voyait désireuse de les descendre sans lui.

La formation du gouvernement et l'approche des législatives vont un temps détourner l'attention du couple présidentiel. Depuis la nomination de François Fillon à Matignon et la composition d'une équipe pleine de surprises avec l'arrivée du « traître » Éric Besson (*L'Express* du 24 mai), de plusieurs ministres d'ouverture, et de femmes issues de la diversité, la presse ne manque pas d'angles d'attaque. Si les deux têtes de l'exécutif jouissent d'une popularité au zénith, certains observateurs décèlent dans leur union la première fissure qui menace Nicolas Sarkozy. « Le pauvre, il va déguster », me confie une consœur du *Journal du dimanche* qui ne fait pas mystère de ses convictions à gauche, en me racontant comment « Sarko a déjà piqué La Lanterne » à son Premier ministre qui n'a « pas eu son mot à dire ». Révélatrice de la manière dont le président allait « traiter » le chef du gouvernement en lui raflant d'emblée la résidence de Versailles, ce lieu de villégiature et de travail dévolu au numéro deux de l'exécutif depuis une décision du général de Gaulle en 1959, la nouvelle s'est répandue comme une traînée de poudre parmi les journalistes politiques. Craignant l'indifférence des lecteurs à ce « détail » très parisien, peu en font état dans leur média. Mais beaucoup y voient une bonne raison d'entamer leur croisade contre « la présidence omniprésente et décomplexée » et « le système Sarkozy » (Hervé Gattegno dans *Le Point* du 24 mai).

À la veille du premier tour des législatives, *Le Nouvel Observateur* va plus loin et tire la sonnette d'alarme sur « les risques du pouvoir absolu ». Puisque Nicolas Sarkozy n'a pas encore de majorité, François Bazin et Véronique Groussard se font un devoir d'avertir les Français : « Depuis le 6 mai, plus de dyarchie au sommet de l'État. La République n'a plus qu'une tête : le président Sarkozy "gouverne". Avec la vague bleue qui s'annonce, il tiendra tout : l'Élysée, Matignon, l'Assemblée nationale, le Sénat, le Conseil constitutionnel, le CSA. Sans compter les principaux médias. » « Et alors ? » semble leur répondre un président encore persuadé qu'il peut lutter avec l'opinion ralliée sous sa bannière contre cette classe médiatique qui le critique. Il en fera la démonstration en infligeant un cinglant démenti public à Éric Woerth encore très en cour à ce moment-là. Le ministre du Budget vient de préciser que la mesure permettant de déduire les intérêts d'emprunts immobiliers sur une résidence principale serait limitée aux crédits accordés après le 6 mai. Bercy a fait les comptes : trop cher d'aller plus loin. Des millions de Français se sont endettés pour acheter leur logis. Faisant fi de sa déclaration, Nicolas Sarkozy affirme au Havre le 29 mai qu'elle s'appliquerait « à tous les emprunts en cours ». Les quotidiens en feront leurs choux gras du lendemain. Certains dénoncent, dans la droite ligne de la gauche, « le cadeau aux propriétaires » (*Le Parisien* du 29 mai). *Libération* préfère pointer, deux jours après, le « désaveu » du responsable du Budget par un président qui « chouchoute les propriétaires, pas ses ministres » (31 mai). Et Nathalie Raulin d'y décrypter un « cafouillage au sommet » alors que *Le Monde* sait qu'un simple constat va porter : « Nicolas Sarkozy se pose en Premier ministre. » Nous sommes à dix jours du premier tour des législatives censées oindre une seconde fois le nouveau locataire de l'Élysée après le sacre du 6 mai...

Encore tout auréolée de ses « 17 millions de voix » qu'elle porte comme une promesse de « victoire » à la prochaine présidentielle, Ségolène Royal est entrée dans la campagne législative sous le regard indulgent des médias. Confortés par des études d'opinion qui la qualifient comme la responsable socialiste préférée des Français et des militants, ils accordent une grande place à ses apparitions. Leurs envoyés spéciaux seront presque aussi nombreux au Zénith de Paris, où elle participe en vedette – elle n'est pas candidate à la députation – à un grand meeting pré-électoral du PS, qu'au Havre, où Nicolas Sarkozy est venu galvaniser sa majorité autour de sa politique de rupture... S'il ravit la presse, ce nouveau face-à-face entre le gagnant et la perdante de la présidentielle n'est pas du goût de François Hollande. « Ce n'est pas un troisième tour », s'indigne à juste titre celui qui est encore Premier secrétaire du PS et sait bien que son ex-compagne guigne sa place rue de Solférino. Tout le monde l'a compris. Pour mieux rejouer 2007 en 2012, elle veut s'emparer du parti... Star des médias depuis plus d'un an, elle vient de comprendre à ses dépens que le soutien d'une organisation politique structurée s'avérait autrement déterminant que des articles laudateurs et des photos flatteuses ! Ce qui ne l'empêchera pas d'annoncer au soir des législatives sa séparation d'avec François Hollande dans une interview choc à la reporter, et supporter, de France Inter, Françoise Degois. Preuve de la justesse de cette théâtralité, nombre de commentateurs vont saluer le lendemain cette confession « habile et digne, publique et détonante d'une femme blessée » (Philippe Martinat dans *Le Parisien* du 18 juin). Ils seront plus rares à dénoncer le mélange des genres, tel Dominique Bègles qui regrette dans *L'Humanité* qu'elle « ait choisi de détourner l'analyse et les débats en rendant publique sa séparation privée lors de la soirée électorale ». Le procès en « peopolisation » viendra plus tard. Avec Nicolas Sarkozy dans le box des accusés…

De fait, en choisissant de chasser avec fracas ce jour-là son compagnon du « domicile » pour qu'il aille « vivre son histoire sentimentale de son côté », Ségolène Royal servait à son insu la cause de Nicolas Sarkozy. Momentanément. Mobilisés par cette affaire de cœur inédite en si hauts lieux de la politique, les chroniqueurs se sont moins focalisés sur les résultats du scrutin. Et pourtant… ce deuxième tour des législatives est une mauvaise surprise pour le nouveau chef de l'État. Alors que toute la presse a dû reconnaître au soir du premier tour la « lourde défaite du PS » (titre de Une du

Monde du 12 juin) augurant d'« une chambre bleu, blanc, bleu » pour le second (*Libération* du 11), elle salue ce 17 juin qui ressemble à une victoire de la gauche (plus de cinquante députés par rapport à 2002) en dépit du maintien d'une majorité de droite. « La vague bleue n'a pas eu lieu », claironne France Inter. « La droite prend une gauche », ironise *Libération*. Même *Le Figaro* fait amende honorable en relevant le « Oui mais des Français » à Nicolas Sarkozy. Lequel le sait mais ne veut l'avouer. Tout au plus va-t-il pester en privé contre les ministres néophytes, Jean-Louis Borloo en tête, acteur majeur du couac maudit. L'ancien maire de Valenciennes ne s'est-il pas fait piéger par Laurent Fabius sur le plateau de France 2 ? En véritable bleu dans la fonction, le ministre de l'Économie avait laissé entendre devant l'élu socialiste le priant de répondre sur la prochaine instauration d'une TVA sociale, que la mesure impopulaire était en gestation ! Et le président de regretter tout haut, comme *L'Express* le rapportera (édition du 21 juin), de ne pas être intervenu lui-même pour éteindre la polémique naissante. Alors que ce spectaculaire retournement de situation au regard des prévisions sonne comme un avertissement à son endroit, il en conclut au contraire qu'il devra « s'occuper de tout », être « en première ligne » s'il veut des résultats. Une erreur d'appréciation qui marque en réalité la fin de l'état de grâce. Du moins pour la presse à qui il donne raison en justifiant par les carences de ses ministres son exercice solitaire du pouvoir. Certains éditorialistes vont alors imaginer avoir contribué par leur mise en garde à faire douter l'électorat de son bon choix pour la présidentielle. Après sa victoire, « c'est lui qui perd les élections », me dira plus tard un confrère du *Monde*, qui voit dans ces législatives « un mauvais présage ».

Devant les tout nouveaux élus de la majorité conviés dès le mercredi 20 juin à l'Élysée, le président va pourtant exclure tout renoncement, confirmant haut et fort qu'il a été « élu pour faire quelque chose sur tout ». Le même volontarisme sera affiché le soir devant Claire Chazal et Patrick Poivre d'Arvor convoqués eux aussi avec les caméras de TF1 dans le Palais présidentiel. La sanction médiatique est immédiate. « Je », « moi » et « moi-même », relève Philippe Ridet dans *Le Monde*, en soulignant que le propos de la veille n'est autre qu'un « discours de politique générale » confié par la Constitution au Premier ministre. La parole publique du numéro deux de l'exécutif vient d'être mise sous le boisseau.

De fait, « l'hyper-président » qui barre la Une du *Figaro* est entré en scène. Il y restera jusqu'en janvier 2011. Sans complexe. « Je ne pense pas avoir été élu pour m'occuper de rien », va-t-il réitérer le samedi 23 juin au Salon du Bourget en recevant une fois encore un coup de règle de la presse sur les doigts (« Sarkozy s'occupe de tout », *Le Parisien* du 24 juin 2007). Mais il n'en a cure. Et pour cause… Le baromètre mensuel LH2 publié le mardi suivant par *Libération*, juste à côté d'un article affirmant que « l'Élysée verrouille la tête de l'UMP », le crédite de 63 % d'opinions favorables contre 57 % un mois auparavant. C'est dans les catégories modestes que le président réalise son meilleur score. Alors pourquoi changer ? Pourquoi s'alarmer des avertissements de cette France d'en haut, celle du microcosme que vilipendait déjà Raymond Barre ? Pourquoi écouter cette presse qui n'aime pas les puissants ? Il n'en sera rien.

Celui qui avait osé dire le 29 avril 2007 à Bercy qu'il était « le candidat du peuple et non celui des médias » démarrait son quinquennat sur le même credo. Sans peut-être se douter de ce qu'il lui en coûterait. « L'hyper-président », parfois baptisé « l'omni-président » (*Le Point* du 24 juin 2008), va poursuivre longtemps le chef de l'État. Comme chaque fois que la presse force le trait sur l'un de ses dangereux travers, il persiste et signe. Un peu comme s'il redoutait en permanence d'être frappé d'impuissance. En étant sur tous les fronts, « au G8 comme dans un hangar d'une usine de province » (*Le Monde* du 6 mai 2008), en endossant toutes les réformes qu'il impose au pas de charge à la France, mais surtout en imposant à ses ministres la présence de conseillers investis à leur place, il se sent infaillible. Tous les services politiques des journaux vont alors tacler cette étrange manière d'envoyer sa garde rapprochée défendre ses grands chantiers sur les ondes ou à la télévision en lieu et place de l'équipe gouvernementale. Beaucoup s'efforceront, sans grand succès, de recueillir les confidences des ministres privés de parole. On parle du « musellement » de François Fillon (*L'Express* du 15 mai 2008), de sa sciatique contractée pendant l'été à force de courber le dos, des grimaces d'un Kouchner (*L'Express* du 10 juillet) souffrant sous le bâillon… Peu lui chaut. On continuera de voir Claude Guéant, secrétaire général de l'Élysée surnommé « Premier ministre bis », Henri Guaino, le conseiller spécial, ou encore Raymond Soubie, l'homme du social, en vedettes dans l'agora médiatique. En matière de « com », c'est lui qui décide. Comme de la date de son mariage avec Carla qui ne serait « pas choisie par le *JDD*[1] ». Exit les élucubrations des journalistes devenus ses meilleurs opposants ! Il continuera aussi de convier ses ministres chouchous dans ce « G7 » hebdomadaire à l'Élysée, qui exaspérait

---

1. Lors de sa tumultueuse conférence de presse du 8 janvier 2008, Nicolas Sarkozy avait répondu à la journaliste qui lui demandait s'il allait épouser Carla Bruni, que ce n'était pas *Le JDD* (*Le Journal du dimanche*) qui déciderait de la date.

l'hôte de Matignon et confortait son image d'hyper-président. Mais quand le peuple donnera de la voix aux municipales, infligeant une lourde défaite à la droite dans de nombreuses communes, Nicolas Sarkozy va s'interroger. Les Français sont les seuls que le président écoute, sondages à l'appui. Les seuls qu'il regarde pour s'imposer à lui-même un premier exercice d'introspection. Et décider de revoir sa méthode. Mais comment leur dire que l'hyper-président a vécu ? « Le président a découvert que les mots ne suffisent plus », croit comprendre Denis Jeambar (*VSD*, 7 mai 2008).

Chapitre 4

LE PRÉSIDENT DES RICHES

Ce devait être l'alpha et l'oméga du quinquennat. La mise en musique du slogan « travailler plus pour gagner plus » qui fit florès pendant la campagne. Pour Nicolas Sarkozy, il n'y a pas de doute. Le projet de loi, curieusement appelé Tepa (en faveur du Travail, de l'Emploi, et du Pouvoir d'Achat) et vite rebaptisé « paquet fiscal » par ses détracteurs, doit être voté dans les meilleurs délais pour « renouer avec la confiance », comme escompté. Le président de la République veut aussi montrer sa fidélité à son programme électoral. Prouver que l'effort individuel fait davantage progresser le niveau de vie général que la redistribution sociale. Il veut « créer ce choc économique et fiscal » qui verra la France « conquérir ce point de croissance qui lui manque ».

Le dispositif est articulé autour de quatre grandes idées [1].

S'y ajouteront des mesures destinées à l'investissement, comme une réduction de 75 % du montant de l'ISF (Impôt sur la fortune) jusqu'à 50 000 euros pour les sommes placées dans les PME, et un encadrement strict des « parachutes dorés » consentis à certains dirigeants d'entreprise. Le président est sûr de son dispositif. Il pense tenir la clé d'une relance de l'activité et empêcher la fuite des capitaux par une fiscalité moins contraignante. Le gouvernement est prié de déclarer l'urgence le 29 juin 2007. Ce seront les trois coups avant l'ouverture de la session extraordinaire du Parlement convoqué du 3 juillet au 2 août.

La bataille est rude mais la procédure sera menée tambour battant. Adopté le 1er août par les deux Chambres, déclaré conforme par le Conseil constitutionnel le 16 après un recours de l'opposition, le texte entre en vigueur le 22 août.

---

1. — La défiscalisation des heures supplémentaires pour permettre à ceux qui le veulent d'augmenter leur revenu mensuel sans qu'il en coûte aux entreprises ;

— le bouclier fiscal pour permettre à chacun de profiter d'au moins la moitié de ses gains ;

— le crédit d'impôt sur les intérêts de l'emprunt affecté à sa résidence pour favoriser l'accession à la propriété ;

— la suppression des droits de succession parce qu'« on a tous envie de donner le fruit du labeur de toute une vie à ses enfants ».

Mais le débat a déjà fait des dégâts. Certes, l'opinion se maintient, au moment où les Français sont davantage préoccupés par leurs vacances au soleil que par le détail de mesures dont ils ne comprennent pas tous les tenants et aboutissants. Beaucoup espèrent en réalité qu'il contient la formule magique capable d'enjoliver la feuille de paye. Mais en emboîtant le pas aux critiques de l'opposition, la presse a déjà semé le doute.

Encore peu rompue aux joutes parlementaires d'une telle ampleur, la ministre de l'Économie Christine Lagarde fut ovationnée à son arrivée dans l'Hémicycle mais elle est à la peine. En assurant que le projet est « une boîte à outils dans laquelle tous ceux qui travaillent pourront trouver ce qu'ils cherchent », elle ne brille pas pour le défendre face aux coups de boutoir de la gauche. Laquelle n'y voit qu'un moyen coûteux de « protéger les patrimoines les plus importants ». Rien, par exemple, sur ce qui doit permettre de maintenir l'impôt sur la fortune, hautement symbolique d'une France redistributive. Concession de taille accordée par Nicolas Sarkozy en pleine période d'ouverture à la gauche, l'ISF, bête noire des possédants qui rêvaient de sa disparition, a juste été toiletté. En insistant sur l'équilibre du dispositif retenu, la ministre aurait pu éviter de décevoir l'électorat de droite tout en courrouçant celui de gauche ! « À l'Assemblée, y a tout ce qu'il faut pour les cadeaux fiscaux », affirme *Libération* dès le 14 juillet 2007.

La brèche est ouverte pour les contempteurs de la richesse. Les sociologues Michel Pinçon et Monique Pinçon-Charlot s'y engouffreront aussitôt dans leurs chroniques très prisées des médias. Avant de publier trois ans plus tard un ouvrage[1] incisif apportant à point nommé une caution « scientifique » aux critiques régulièrement distillées dans la presse. Reconnaissant qu'ils n'auraient pas osé publier leur « pamphlet », par crainte de « sanctions indirectes », avant d'être à la retraite du CNRS, le couple fusionnel a fait de sa tournée promotionnelle pour le livre fin 2010 une véritable croisade contre l'oligarchie. Avec en ligne de mire « le règne de Nicolas Sarkozy » qui incarnerait « le triomphe de l'argent » avec « une sorte d'aristocratie qui concentre tous les pouvoirs en contrôlant la politique, les entreprises, la finance et les médias ». Exactement ce que ceux-ci voulaient entendre. L'essai enquête se vendra à plus de 100 000 exemplaires.

Très en verve lors de la discussion dans l'Hémicycle en juillet 2007, le député socialiste Jean-Louis Idiart avait le premier stigmatisé « un catalogue de cadeaux fiscaux pour une infime minorité et des mesures non financées qui pèseront

---

1. Dans *Le Président des riches. Enquête sur l'oligarchie dans la France de Nicolas Sarkozy*, éditions Zones, 2010, Michel Pinçon et Monique Pinçon-Charlot soulignent avec finesse que Nicolas Sarkozy « a mis les projecteurs sur un monde qui existait auparavant mais vivait caché ».

sur les comptes publics ». Et de lancer le chiffre qui fera mouche jusqu'à aujourd'hui : « 15 milliards » ponctionnés dès l'été dans les caisses de l'État pour satisfaire « les plus aisés », ceux-là mêmes qui péroraient le soir du 6 mai au Fouquet's... Et qu'importe si les effets du dispositif étaient encore indolores, balbutiants. Les vrais chiffres sont loin des évaluations fantasmagoriques martelées par la gauche, reprises dans les médias et débattues dans les dîners en ville. Un rapport transmis par Bercy aux députés le 17 mars 2009 fera état d'un coût de 7,7 milliards d'euros pour la loi Tepa en 2008, dont 460 millions effectivement restitués aux gros contribuables par le biais du bouclier fiscal. Le reste est réparti entre les allègements pour les heures supplémentaires (4,3 milliards pour environ 6 millions de salariés), les droits de succession (2 milliards), l'affectation de l'ISF aux PME (650 millions), etc. À la réalité rébarbative des chiffres, les radios et les quotidiens préfèrent le slogan plus vendeur du « président des riches ». Il sonne si bien : ancien maire de Neuilly, lié avec tous les gros bonnets du CAC 40, sa première loi s'adressait tout naturellement à ses amis et sans le moindre égard pour les plus démunis.

Virtuose de la communication, multipliant les prises de parole tous azimuts depuis son élection au point de lasser les plus fidèles, Nicolas Sarkozy ne va pas assurer le service après-vente du dispositif qu'il avait si bien promu. Un peu comme si les arguments lui manquaient. Comme s'il était démenti par la réalité. Il traînera cette loi comme un boulet, étonnamment bâillonné par une presse qu'il croyait pouvoir museler. Voilà comment ce « paquet fiscal » recevra un traitement médiatique de choc tout au long du quinquennat. Dès le 10 juillet 2007, jour du début de son examen à l'Assemblée nationale, *Libération* lui réserve sa Une et trois pages de dossier. Avec une certaine force de persuasion, la rédaction explique « ce que Sarkozy aurait dû faire » de l'argent dévolu à l'ensemble et Laurent Joffrin démontre dans son éditorial, forcément repris dans les revues de presse du lendemain, que de telles erreurs de choix sont le fait d'un « président de droite ». Ce qui est de bonne guerre. Pour étayer son analyse, il a trouvé un allié de choix à interviewer.

Didier Migaud est en effet président de la commission des Finances de l'Assemblée nationale depuis que Nicolas Sarkozy a décidé d'offrir ce poste-clé à un membre de l'opposition. Une aubaine pour le député socialiste de l'Isère et un mauvais calcul pour le chef de l'État. Pris au piège de son ouverture à la gauche, il sera d'emblée accusé de vouloir amadouer ses adversaires et va en réalité pâtir du contraire... Orfèvre en matière de budget de l'État depuis qu'il en fut le rapporteur général de 1997 à 2002, Didier Migaud jouera finement pour cisailler la loi Tepa. Compétent, mesuré dans le ton du propos mais incisif sur le fond, il devient très vite l'interlocuteur privilégié des journalistes à la recherche des failles des choix économiques du président. Son collaborateur Denis Gettliffe, très au fait des questions financières et redoutable militant, erre les mardis et mercredis dans la salle des Quatre colonnes de l'Assemblée pour « alimenter » les chroniqueurs en quête de petites infos meurtrières estampillées de la parole de « son » président de la commission des Finances. Lequel explique donc le 10 juillet dans *Libération* que le plan Tepa sera « coûteux et inefficace économiquement ». Il n'en veut pour preuve que les « réserves » exprimées par Philippe Séguin, grand baron de la droite française et donc peu suspect d'élan gauchisant malgré quelques comptes à régler dans son camp. Promu vigie du bon usage des deniers publics en tant que Premier président de la Cour des Comptes, l'ombrageux mal-aimé régale sa grande carcasse des piques qu'il pourra servir à ses ex-compagnons dispendieux. Avec la solennité et la crédibilité que lui confère sa robe à parements de fausse hermine... Séguin devient ainsi pour la presse un renfort non négligeable des adversaires de Nicolas Sarkozy...

Sans savoir qu'il lui succédera deux ans et demi plus tard dans la noble institution de la rue Cambon, Didier Migaud le fera donc auditionner par la commission des Finances le 11 juillet. Claire Guélaud résume son propos dans *Le Monde* du 17.

C'est presque toujours le journal de référence de la France que l'élu isérois, devenu puissant au niveau national, utilise quand il veut frapper fort. Ainsi va-t-il mener une jolie opération dès avril 2008, lorsqu'il livre au quotidien les conclusions d'une étude commandée aux services internes de la Commission qu'il préside. Laquelle démontre le manque de pertinence, et les effets néfastes, d'un dispositif de la loi. « Heures supplémentaires : la loi adoptée à l'été 2007 est coûteuse et peu efficace », titre *Le Monde* du 9 avril 2008 en reprenant les termes déjà utilisés par Didier Migaud quelques mois plus tôt dans *Libération.* Cette fois-ci, ce n'est pas un avis, mais la preuve chiffrée ! L'État dépenserait 4,1 milliards d'euros par an alors que le pouvoir d'achat supplémentaire perçu par les salariés ne serait que de 3,78 milliards… En tout cas, c'est ce qu'il veut démontrer au grand dam de Christine Lagarde qui assure que le volume d'heures supplémentaires a augmenté de 28 % au dernier trimestre de 2007 par rapport à la même période de 2006. Des députés de la majorité s'en alarment, criant aux « extrapolations hasardeuses » de l'enquête, à l'instar d'Yves Censi (Aveyron), voix droitière qui n'a pas peur des mots, mais personne ne les entend. Leurs collègues socialistes triomphent et brandissent *Le Monde* dans l'Hémicycle. Ils jubilent et ironisent sur l'échec de la mesure phare du gouvernement en faveur du pouvoir d'achat. Distribué très tôt au Palais-Bourbon, aux environs de 12 h 30, le « quotidien du soir » fait toujours recette dans le microcosme politique. Repris comme la bible par l'AFP qui biberonne la presse régionale, c'est souvent autour de ses « révélations » que s'organisent les sujets du jour pour les autres médias. Donc pas de salut médiatique pour « Tepa » depuis ce coup de maître ! Mais un moment de gloire pour Didier Migaud... Qui en connaîtra d'autres après son installation à la Cour des Comptes d'où il peut porter le fer contre le pouvoir avec une impartialité forcément garantie par le travail des magistrats. S'il a lui-même la sagesse de présenter les conclusions de leurs travaux avec pondération et se fait moins politique qu'à la tribune de l'Assemblée, il sera toujours « aidé » par la presse qui, en général, privilégie les remarques peu amènes pour la politique fiscale de Nicolas Sarkozy. Manière de montrer leur bonne foi après plusieurs rapports très sévères à son endroit, les magistrats décerneront en juillet 2011 un satisfecit à l'hôte de l'Élysée après examen des finances du « Palais ». De quoi rassurer Nicolas Sarkozy sur l'opportunité d'avoir choisi un adversaire politique comme super inspecteur de sa gestion ! Mais seul *Le Parisien* jugera le lendemain (26 juillet) que l'information mérite une tête de page flatteuse et titrera : « Un audit rassurant pour Sarkozy ».

Entre-temps, la polémique sur les cadeaux aux plus aisés n'avait pas cessé. Avec des piques comme en ce printemps 2010. Alors que les effets de la crise se font de plus en plus sentir sur les grands équilibres économiques et le chômage, la loi Tepa est remise en question au sein même de la majorité. « Bouclier fiscal, Nicolas Sarkozy face à la fronde de la majorité », titre *Le Monde* du 1er avril en citant Alain Juppé, Gérard Longuet et Jean-François Copé parmi les rebelles !

Au point que François Fillon doit monter au créneau pour calmer la colère qui se propage à l'UMP en même temps que la crainte d'une débâcle en 2012. Lors d'un entretien que nous avons eu avec lui le 2 juin à Matignon au côté de nos confrères de *L'Est républicain*, le Premier ministre nous dira pour que ce soit répété à la lettre dans nos gazettes et repris par l'AFP : « Je veux 5 milliards d'avantages fiscaux en moins sur deux ans. » Un volontarisme à la première personne que plusieurs commentateurs vont aussitôt interpréter comme une velléité d'indépendance du chef du gouvernement. Et donc de défiance à l'égard de Nicolas Sarkozy… Sa cote de popularité ne coiffe-t-elle pas avec insolence celle du chef de l'État ? Le feuilleton de leurs tensions fait vendre du papier, et il convient d'en égrener les épisodes. C'est la période où les rumeurs de divorce dans le couple exécutif s'intensifient. Briser sur la place publique le tabou « pas touche à l'impôt », voilà qui fait figure de *casus belli* entre les deux hommes alors qu'en réalité, Nicolas Sarkozy avait donné son feu vert à

Matignon pour annoncer ce « coup de rabot sur les niches ».

Pragmatique, le président avait compris qu'il lui faudrait reculer. Le plus tard serait le mieux. Charger François Fillon de la besogne lui éviterait de surcroît de revenir sur son leitmotiv préféré : « Je n'ai pas été élu pour augmenter les impôts. » Un rapport parlementaire sur « le vrai bilan du travailler plus pour gagner plus », piloté par deux députés, l'UMP Jean-Pierre Gorges et le socialiste Jean Mallot, vient de lui offrir une ouverture. Les deux élus montrent en effet que toutes les interrogations sur le bien-fondé du dispositif avaient leur pertinence en l'absence de croissance suffisante. Certes, plusieurs membres de la majorité s'étaient risqués à quelques réserves dès la première discussion en juillet 2007 à l'Assemblée. La presse avait alors parlé de « contestation »... Non sans raison. Charles de Courson, un élu du Nouveau Centre écouté en la matière, avait fait adopter en Commission des Finances un amendement excluant du bouclier fiscal la CSG et la CRDS (Contribution au remboursement de la dette sociale). Avec un excellent argument : si on les incluait dans la somme payée au fisc par les gros contribuables, le total allait atteindre très vite la moitié de leurs revenus. Ce qui leur permettrait de bénéficier du bouclier fiscal à partir de 39 % de leurs revenus au lieu des 50 % retenus dans le projet. Sa proposition fut rejetée par le gouvernement. Elle aurait pourtant évité que certains soient de ce fait dispensés d'ISF ! Mais on était en 2007 et la frange libérale de la majorité croyait encore dur comme fer aux vertus de la baisse des impôts pour dynamiser l'économie. La crise leur infligera un cuisant démenti. Avec le recul de l'activité, les rentrées fiscales seront moindres, contraignant Bercy à financer les réductions d'impôts par l'emprunt…

Et lorsque l'essentiel du paquet fiscal est emporté par le flot des déficits de l'après-crise et qu'il faut bien échafauder pendant l'été un budget 2011 tracé au cordeau, la presse d'opposition n'a plus besoin d'attiser les conflits. Tout le monde est d'accord, ou presque, sur le constat. Les titres les plus modérés du secteur économique, et notamment *Les Échos*, *La Tribune*, *L'Expansion*, *Challenge* font tous chorus pour reconnaître que sans croissance, il n'y avait aucune chance de voir les baisses d'impôt booster notre économie. Les pourfendeurs de l'exil fiscal, tel l'incontournable Jacques Marseille – disparu en mars 2010 – qui s'exprimait dans *Le Point*, sont bien seuls pour défendre l'avantage fiscal. Conçu pour protéger les revenus issus de l'effort et donc pour l'encourager, il avait pris la forme d'un bouclier en or réservé aux épargnés de la crise. À ceux qui « gagnent de l'argent en dormant », comme s'en indignait le président Mitterrand. L'éloignement de l'objectif originel s'explique aisément. Si le donneur d'ordres Nicolas Sarkozy était de bonne foi, croyant dur comme fer au vieux principe remis au goût de jour par Laurent Fabius selon lequel « trop d'impôt tue l'impôt [1] », les valeureux fonctionnaires de Bercy qui ont bâti le dispositif ont commis une grave erreur. Le revenu imposable servirait de référence au lieu du revenu brut. Tous les contribuables, et en particulier les plus gros, vont apprendre très vite à se servir de la foultitude des niches fiscales pour faire fondre leur déclaration finale ! Consultés sans tarder, les fiscalistes de tout poil ont eu tôt fait de transformer le revenu brut, parfois insolent, en revenu net de misère ! Résultat, le chiffre soumis au couperet de l'impôt ne représente parfois qu'une petite partie des gains engrangés pendant l'année. Et l'impôt la moitié de cette peau de chagrin. D'où l'incongruité des chèques renvoyés aux riches contribuables pour trop perçu ! La révélation en juillet 2010 de celui de 30 millions d'euros adressé à Liliane Bettencourt fera recette dans l'opposition… et pour la presse qui le verse en toute légitimité au dossier Woerth. « Il fallait forcément l'aval du ministre du Budget », soulignent tous les commentateurs qui s'interrogent sur sa bienveillance à l'égard de la milliardaire soupçonnée par ailleurs d'évasion fiscale. On est en eau trouble. L'effet est désastreux pour Nicolas

---

1. Alors ministre de l'Économie de Lionel Jospin, Laurent Fabius fera adopter en 2000 un plan triennal d'allègement fiscal de 120 milliards de francs « pour préparer l'avenir » au nom du principe selon lequel « trop d'impôt tue l'impôt ».

Sarkozy, aucun journaliste n'osant toutefois préciser que si une somme est réexpédiée de Bercy, c'est que le destinataire l'a payée auparavant. Les milliers de salariés qui travaillent dur sans pouvoir joindre les deux bouts imaginent avec colère les nantis recevoir un beau matin dans leur boîte aux lettres un chèque mirifique du Trésor public. Comme s'ils avaient gagné au Loto ! Les micros s'ouvriront souvent pour laisser l'opposition rappeler à cor et à cri l'indécence de la procédure.

Peu sollicités, ou peu zélés, les membres du gouvernement se taisent. Sont-ils paralysés par crainte des foudres de l'Élysée ? Alors pourquoi le président intervient-il si peu sur le sujet ? A-t-il tant d'autres lièvres à courir qu'il en oublie la première tortue tueuse de son quinquennat ? « Parfois on perd la bataille de la communication », nous confiait Brice Hortefeux le 5 mai 2009 à propos de la révolte grandissante contre le bouclier fiscal.

Il faudra attendre le début de l'été 2011 et le vote de la loi de Finances rectificative pour qu'il soit enterré en échange d'un nouvel aménagement de l'ISF. Les Français découvrent seulement que la facture du trop illustre bouclier fiscal, ce « cadeau aux riches », atteint à peine 600 millions d'euros[1] quand tout le monde parle de milliards. C'est

---

1. Selon les chiffres de Bercy, le montant reversé au titre du bouclier fiscal a culminé à 619 millions d'euros en 2009 restitués à

peut-être la raison de l'entêtement de Nicolas Sarkozy. La mesure phare d'un président libéral qui tient bon contre l'opinion n'obérait pas trop les finances publiques… Encore eût-il fallu le dire ! Mieux relativiser son coût au regard d'autres dispositifs qui pèsent aussi sur la dépense publique sans servir « les riches ». La suppression de la TVA sur la restauration, le maintien de mesures instaurées par Lionel Jospin (prime pour l'emploi, les 35 heures…) alourdissent aussi la facture. Sans compter le RSA.

De manière surprenante, le Revenu de solidarité active a étrangement disparu des écrans-radars. Arraché de haute lutte par Martin Hirsch, l'ancien directeur d'Emmaüs France recruté par Nicolas Sarkozy qui le nomme Haut Commissaire aux Solidarités actives contre la pauvreté à cette unique fin, il semble chassé du champ médiatique. Tout se passe comme si les commentateurs évitaient de le remettre en selle. Destiné à moderniser le RMI (Revenu minimum d'insertion), ce subside de survie qui fit l'honneur de Michel Rocard, le nouveau concept proposait juste de le repeindre aux couleurs du sarkozysme. Autrement dit, de

---

18 764 foyers – dont les 6 % les plus riches ont empoché 62 % du total – avant de redescendre à 591 millions pour 14 400 contribuables en 2010. Après avoir payé 72 millions d'euros d'impôt en 2010 (40 pour l'ISF et 32 pour ses revenus), Liliane Bettencourt recevra du fisc un chèque de 32 millions en « vertu » du bouclier fiscal. Il fera scandale.

transformer une aide contre la précarité en incitation au travail. Un complément de revenus serait ainsi accordé à ceux qui « gagnent » moins quand ils sortent de l'assistanat pour reprendre un emploi. Le surcoût par rapport au RMI était estimé à 1,5 milliard d'euros. Ce qui s'est avéré à peu près juste sauf que le RSA est loin d'avoir remplacé le RMI et que le nombre des bénéficiaires a forcément augmenté avec la montée du chômage ! Sur une note globale de 7,5 milliards d'euros en 2010, les deux tiers vont au RSA « socle », c'est-à-dire aux allocataires sans travail (1,15 million), ex-Rmistes, et un tiers seulement à ceux (642 000) qui ont repris un emploi. N'empêche… Nicolas Sarkozy n'a pas à rougir d'en avoir appelé à l'héritier spirituel de l'Abbé Pierre qui lui promettait de réduire la pauvreté. Fût-ce par calcul politique. Après avoir salué l'initiative, la presse ne s'y intéressera guère, partagée entre la justesse de « l'innovation sociale » chère à la CFDT, et « le manque d'efficacité » que seul le site Mediapart dénonce avec ténacité…

Le bénéfice politique fut donc nul pour le chef de l'État. Dans un livre[1] publié après avoir quitté le gouvernement, Martin Hirsch justifiera même sa décision de partir par l'existence du bouclier fiscal, et de l'identité nationale, « deux sujets sur lesquels [je] ne pouvais pas continuer à faire des pirouettes ». Gageons que les deux arguments lui soient apparus

---

1. *Secrets de fabrication* par Martin Hirsch, Grasset, 2010.

meilleurs pour promouvoir son ouvrage auprès des médias qu'un hommage à la volonté présidentielle de « faire » le RSA ! Une fois encore, Nicolas Sarkozy n'a pas su « vendre » ce qu'il avait chèrement acquis. Quand Michel Rocard parle de son RMI, qui remonte à plus de vingt ans, avec des trémolos dans la voix, l'actuel président fait l'impasse sur la mesure la plus apte à lui faire pardonner le bouclier fiscal, à chasser ce détestable faciès de « président des riches ». Alors pourquoi va-t-il persister dans sa défense du dispositif destiné aux plus aisés ? Pourquoi ne pas admettre à temps que la crise l'obligeait à revoir sa copie ? « *Errare humanum est, perseverare diabolicum*[1]. » Pour Nicolas Sarkozy, esquisser ce pas en arrière revenait à céder sous la menace de ses adversaires plus qu'à s'incliner devant le principe de réalité. À plier devant la presse qui elle aussi le priait de caler au nom de l'injustice sociale. C'était en réalité bien connaître Nicolas Sarkozy pour mieux le gêner. Plus on lui demandait de courber l'échine, plus il résistait. Devenu président, il était convaincu de pouvoir passer outre les diktats de ses ex-confidents. En oubliant que le mur de l'argent qu'il voulait briser n'était pas une pure construction des médias. À vouloir leur imposer sa fermeté face à leur hostilité déclarée, il s'enfermait dans ce qui n'était qu'une caricature : le « président des riches ». Il ne

---

1. « Se tromper est humain, persévérer est diabolique. »

parviendra jamais à s'en débarrasser, se coupant derechef des classes populaires qu'il voulait cajoler. « Les images traînent et s'impriment. Ce copinage d'argent l'empêtre », regrette Claude Imbert (*Le Point* du 9 septembre 2009), deux ans après l'adoption de la loi Tepa. Peu suspect de panurgisme gauchisant, l'éditorialiste aguerri ne peut que s'aligner sur cette évidence : « Ah, ce Fouquet's… Il a beau s'acharner contre la cavalcade bancaire, il se trouve épinglé en complice de l'anarchie financière. »

Chapitre 5

SAINTE CÉCILIA

À la veille de ses vacances en famille en août 2007, la mésentente du couple présidentiel est un secret de Polichinelle. Et sa médiatisation à la mesure de son exposition sur la scène publique. Si les images glamour de la cérémonie d'investiture du nouveau président et la robe Prada de Cécilia ont séduit les Français et fait oublier les turbulences de leur vie maritale, tous savent que le cœur de la première dame de France bat pour un autre homme.

Nicolas Sarkozy l'avait confirmé à demi-mot au journal de France 3 deux ans plus tôt en parlant de « difficultés » dans sa famille après avoir annulé *in extremis* – ce qui n'est pas dans ses habitudes – son passage au 20 heures de TF1 le 22 mai 2005. L'épouse fusionnelle venait de lui annoncer son intention de le quitter et s'était envolée pour Petra où l'attendait le séduisant publicitaire Richard Attias, organisateur d'un Forum économique haut de gamme... Le ministre de l'Intérieur est effondré, il demande aux journalistes en quête d'explications de « respecter » sa vie privée. La plupart le ménagent encore, d'autant que les plus proches ont droit en « off » aux confidences de l'homme blessé. Seul le quotidien suisse *Le Matin* fournira à ce moment-là (25 et 29 mai 2005) le nom de plusieurs maîtresses supposées. Il sera condamné à un euro d'amende...

Jalonnée d'allers et retours de la belle, entre réconciliations devant les caméras et disparitions coupables, la relation orageuse au sein de cette « dream team » de la politique française continuera néanmoins d'intriguer la presse jusqu'à la présidentielle de 2007. Et de détériorer les liens soigneusement tissés par Nicolas Sarkozy avec ses interlocuteurs préférés. L'arrivée de la journaliste Anne Fulda dans sa vie, avec laquelle il envisage d'emménager, puis son éviction après un retour de Cécilia qu'il croyait définitif, vont plutôt lui porter ombrage. Pas dans l'opinion, qui ne suit pas de très près le feuilleton, mais dans le microcosme médiatique soudain lassé de cette intimité avec le politique. « Il fait croire qu'il souffre, mais en réalité il n'est jamais resté une nuit tout seul », se moque une journaliste de TF1 début 2006, en marge des vœux à la presse de l'hôte de la place Beauvau. « Il a dragué toutes les femmes de la profession susceptibles de répondre à ses critères », me racontera un peu plus tard un confrère de la PQR qui le soupçonne de quelques avances à sa propre compagne. Lors de notre entretien l'été dernier, celle-ci reconnaîtra que pour se montrer « sensible » au charme de certaines, Nicolas Sarkozy n'avait cependant rien d'un DSK…

Le limogeage en quelques mois d'Alain Genestar, directeur de la rédaction de *Paris Match*, coupable d'avoir laissé publier le 25 août 2005 à la Une du magazine une photo de Cécilia avec Richard Attias, a néanmoins ajouté aux tensions entre le « conquérant » et la presse. Non pas en raison des foudres reçues au téléphone peu après par le fauteur de trouble – il le racontera dans son ouvrage *Expulsion* publié en juin 2008 chez Grasset et sera maintes fois cité [1] – mais parce que le salarié ainsi remercié soupçonne le président d'avoir demandé sa tête à son ami Arnaud Lagardère, dont le groupe contrôle le magazine. Un véritable crime de lèse-majesté pour tout journaliste, encore plus grave s'il est gradé dans une hiérarchie !

Jacques Espérandieu, directeur du *Journal du dimanche*, ne connaîtra pas le même sort au

---

1. *Le Nouvel Observateur* du 8 septembre 2011 y revient encore, citant le passage le plus vigoureux de l'ouvrage où Alain Genestar raconte le « savon » présidentiel : « Il ne s'agissait pas d'une "engueulade", mais d'une menace glaçante sur mon avenir [...]. Tu seras responsable d'un drame. Jamais je n'oublierai ce que tu as fait… Il faisait chaud et j'avais froid. »

lendemain de la présidentielle. Il a obtempéré devant l'argument d'Arnaud Lagardère, également patron de l'hebdomadaire, qui évoquait « la vie privée de Cécilia » pour remettre dans un tiroir le « scoop » pointant l'abstention de l'épouse au second tour de l'élection. Ce qui ne sortait jamais au grand jour du temps de François Mitterrand, ou même de Jacques Chirac, fut aussitôt dévoilé par le site internet *Rue 89* justement inauguré ce 6 mai. Publié sur la toile dans la soirée, l'article fut consulté 47 000 fois en vingt-quatre heures ! Une aubaine pour le fondateur du site, Pierre Haski, un ancien de *Libération*, qui n'imaginait pas bénéficier si vite d'un tel ramdam publicitaire.

Ainsi Nicolas Sarkozy va-t-il prendre conscience, à l'instant même où il croit détenir le pouvoir, qu'il doit en concéder une part à ce nouveau mode d'information généré par Internet, plus rapide, plus efficace, hors de tout contrôle, et donc bien plus dangereux que tous les autres médias. Souvent menés par d'excellents professionnels, certains ayant quitté leur organe de presse par choix, comme Pierre Haski, d'autres ayant été poussés dehors contre leur gré, tel Edwy Plenel écarté de la direction du *Monde* avant de négocier son départ, et revenu en première ligne avec *Mediapart*, la plupart des sites d'information privilégient la traque du pouvoir au classique reportage de papa… Ils sont enfin libres. Tous à l'affût de l'info-choc, c'est leur fonds de commerce, ils se livrent une concurrence sans merci qui se traduit par une incessante descente vers les dessous de la politique, le seul étage, pour ne pas dire le marécage, où ils peuvent trouver la boue nécessaire. Le journalisme d'investigation qu'ils exerçaient parfois avec talent dans leur média précédent s'éloigne de sa vocation initiale de contre-pouvoir et confine au lynchage faute de barrières juridiques. La « bombe » médiatique, que l'on préfère appeler « buzz », est leur raison d'être. Elle ne doit pas seulement déranger, semer le doute sur des agissements peu recommandables, mais frapper comme un éclair au cœur du pouvoir. Peu d'articles chantent les mérites d'un quelconque dirigeant, sauf s'il assassine un plus puissant que lui, beaucoup en relèvent les méfaits pour mieux les révéler. Premier président de la République à exercer son mandat sous leur règne, Nicolas Sarkozy en sera la cible privilégiée comme s'ils rivalisaient dans un anti-sarkozysme devenu porteur. Parce qu'il s'était plu à étaler depuis toujours sa vie privée. Parce qu'il voulait marquer sa rupture avec cette omerta dont la classe politique se fait un rempart, il les invitait, et les autorisait de facto, à opérer dans le même registre…

C'est pourtant dans un étrange mélange de défiance, et d'une once d'indulgence devant sa souffrance intime, que la presse va observer les premiers pas du couple élyséen. Sans parvenir toutefois à une parfaite neutralité. De manière injuste, elle fera porter à Nicolas Sarkozy lui-même, et non à son épouse fugitive, la responsabilité des premiers faux pas qui marqueront au fer rouge le quinquennat.

Des centaines d'articles inscriront à son seul passif la soirée du Fouquet's, l'escapade sur le *Paloma* de Vincent Bolloré, les premières vacances dans une station estivale huppée des États-Unis… Tous cloueront au pilori son penchant excessif pour les plaisirs des riches, on l'a vu au chapitre précédent, sans jamais évoquer son désir de satisfaire les derniers caprices de la femme aimée.

Qu'il ose faire voter une augmentation de 140 % (à 19 000 euros nets mensuels) de ses émoluments dès le mois d'octobre suivant ne pourra que justifier leur blâme. Le 27, la lettre hebdomadaire *Profession politique* révèle le futur triplement du budget dont dispose l'hôte de l'Élysée. Le feu couve. Plutôt lu par des cadres qui se laissent volontiers appâter par des hausses de salaires, *L'Express* du 8 novembre 2007 va largement s'étendre sur « Sarkozy et l'argent ». Certes l'article explique les raisons d'un tel bond. Dans un souci de transparence, le Parlement va contrôler et encadrer les dépenses de la présidence qui n'avaient jusqu'alors guère de limites. Autrement dit, le premier personnage de l'État devra se contenter de ce qui lui est alloué, une somme importante certes, mais sans élasticité, soit une différence notable au regard de la liberté dont pouvaient jouir sur ce point ses prédécesseurs… De plus, le montant est proche de celui alloué à la chancelière allemande (23 000 euros), au Premier ministre britannique (22 000) ou même au chef du gouvernement irlandais (26 000…) Peu importe. L'affaire du salaire, ajoutée aux débuts somptuaires du quinquennat, lui collera à la peau.

Successeur de Didier Migaud à la présidence de la commission des Finances, Jérôme Cahuzac s'y reportera sans cesse devant la presse qui acquiesce. Habile orateur, l'ancien chirurgien esthétique au physique télégénique fait aujourd'hui partie des chouchous des médias. Surtout quand il s'agit d'évoquer la responsabilité de Nicolas Sarkozy dans l'envolée des déficits publics de la France. À chaque intervention, le député PS du Lot-et-Garonne martèle que « l'augmentation est due pour un tiers à la crise et les deux tiers à la politique de cadeaux aux riches menée par le chef de l'État ». Il se réfère pour ce faire au rapport publié en juin 2011 par la Cour des Comptes. Soit une lecture biaisée de ce que disent les sages de la rue Cambon. La part réellement imputable aux choix politiques de Nicolas Sarkozy dans la hausse du déficit de 3,7 % du PIB en 2007 à 7,1 % en 2011 ne serait que de 0,7 %, soit 14 milliards d'euros… Même *Libération* a jugé utile de rappeler à l'ordre Martine Aubry sur ce point dans son excellente rubrique « Désintox » du 19 septembre 2011. La première secrétaire du PS avait tenu dans les locaux du quotidien les mêmes propos que le très écouté Monsieur Finances de l'Assemblée nationale, arguant de 100 milliards dilapidés par l'incorrigible président des riches…

Il aura fallu attendre mai 2011 et la sortie de *La Conquête*, le film biographique de Xavier Durringer, où Denis Podalydès campe de façon magistrale l'irrésistible ascension du candidat devenu le président honni, pour qu'une explication différente de ce fastueux et fâcheux commencement soit présentée au grand public. Le fauve politique aux dents acérées aurait aussi un cœur. Au point d'avoir achevé sa campagne de 2007 dans la douleur. De sembler à terre quand il parvenait au sommet, brisé par cet échec amoureux qui ternira sa victoire. Diantre ! Il ne serait pas ce monstre froid prêt à tout renverser sur son passage pour étancher son incommensurable soif de pouvoir. « C'est très, très, très sarkozyste », regrette après une projection une consœur du *Nouvel Observateur*. Cela en parfaite harmonie avec une critique des spécialistes plus proche de la volée de bois vert que du concert louangeur. Pour Olivier Bonnard, du *Nouvel Observateur*, le film n'est qu'« un gros téléfilm, genre *Nicolas Sarkozy pour les Nuls* ». Thomas Sotinel, pour *Le Monde*, exprime lui aussi sa déception. « Xavier Durringer a osé incarner un président en exercice, mais le résultat manque de cohérence et s'apparente à un montage de morceaux choisis. » Jean-Marc Lalanne dénonce dans *Les Inrockuptibles* le parti pris du film, jugeant que « *La Conquête* n'oppose rien au cirque sarkozyste. Au contraire, il fait le jeu de sa bouffonnerie, lui laisse dicter la forme du film et même sa dramaturgie, qui se cale avec le storytelling conçu par l'UMP ». Dans une virulente tribune publiée sur *Rue 89*, Julien Santoni fustige une production qui « ne fait que redoubler la stratégie marketing de Sarkozy », tandis qu'Arnaud Hée observe sur *Critikat.com* que « dans le domaine de la désacralisation de la fonction, l'actuel président a fait le boulot lui-même et depuis un bon moment sans prendre la peine d'attendre ce film atone ». Il appartiendra donc au comédien lui-même, encouragé par le bon accueil du public (220 000 entrées cinq jours après sa sortie), et fort d'un triomphe à la Comédie-Française dans *L'Avare*, d'en assurer la promotion. Et la crédibilité. Interviewé à de multiples reprises sur ses motivations et son probable embarras d'« acteur de gauche » contraint d'endosser le costume du héraut « de droite », Denis Podalydès répond inlassablement que « les acteurs ont droit à une indépendance et une liberté ». Cela d'autant que le personnage avec lequel il déjeunera après le tournage s'est montré « un homme d'une très grande intelligence » que l'« on a tort de sous-estimer, intellectuellement et culturellement », tant il est « plein d'humour, brillant, léger et transgressif » (*Le Point.fr* du 16 juillet 2011). Pour avoir « osé » publier le portrait de l'acteur en Nicolas Sarkozy à la Une de *Télérama*, un hebdomadaire culturel plutôt classé à gauche, sa directrice devra aussitôt se justifier dans *Le Journal du dimanche* du 13 mai. Et Fabienne Pascaud d'expliquer que cette Une était « dédiée au Festival de Cannes », qu'à *Télérama* on était loin de céder à « l'hystérie » de « la Sarkomania », qu'on y avait simplement « beaucoup aimé le film » et voulu « rendre hommage à Denis Podalydès ». Plus risqué encore pour qui appartient au cercle de la bien-pensance, la directrice de *Télérama* assure, après une rencontre à sa demande avec le président dont elle publie une petite interview en Verbatim, qu'il a été « étonnamment libre d'esprit, ouvert, tolérant et sympathique », sans « même demander à relire l'article avant publication ».

Des mots si rares qu'ils agissent comme un baume apaisant sur un président bousculé dans les sondages et dans la presse alors qu'il célèbre discrètement en ce printemps 2011 ses quatre années de mandat. Depuis le début de son quinquennat et cette terrible période où Cécilia étale ses doutes à la face du monde, c'est la première fois qu'il perçoit une once d'aménité médiatique pour son moi intime. Certains diront que c'est avec *La Conquête* qu'il a commencé à redorer son blason.

Qu'on se souvienne de cet été 2007. Les errements de la première dame de France depuis son entrée « en fonction » jusqu'aux premières rumeurs de divorce font le bonheur de la presse people[1].

____

1. Cécilia à la Une de : *Elle* du 6 août (« Le mystère Cécilia ») ; *Le Nouvel Observateur* du 2 août (« L'énigme Cécilia ») ; *Valeurs*

Quel tempérament pour se moquer ainsi du protocole ! Un G8 et son déjeuner des Dames vite abandonné début juin en Allemagne, une libération fin juillet sur commande spéciale présidentielle des infirmières bulgares prisonnières en Libye, un pique-nique chez les Bush boudé en août, etc. sont autant d'aiguilles qui piquent l'amour-propre du nouveau président. Lequel multiplie envers et contre tout les gestes pour la retenir, défiant sans vergogne la causticité des probables commentaires. « Je voudrais dire à Cécilia et à Judith (ndlr : fille de Cécilia) qu'elles sont belles », va-t-il lancer sur la terrasse de l'Élysée devant les invités de la garden-party du 14 juillet. Les photographes mitraillent l'étrange moment. Les journalistes politiques présents se gaussent. Être le chef de l'État et se laisser aller à un compliment de jeune énamouré… Quel manque de retenue ! A-t-il senti souffler la brise des lazzis ? « Au fond, Cécilia, c'est mon seul souci », va-t-il glisser en aparté à quelques-uns dont il veut préserver la bienveillance. Renouer avec ces instants de confidences, n'est-ce pas prendre une assurance sur le traitement que ses anciens complices sauront lui réserver dans l'avenir ? C'était croire que son élection n'aurait rien changé

---

actuelles du 27 juillet ; *VSD* du 25 juillet (« Cécilia et Rachida : Leur pacte intime ») ; *Match* du 19 juillet (« Cécilia : une semaine particulière ») ; *Le Figaro Magazine* du 13 juillet (« Le sacerdoce de l'Élysée »).

dans leur perception. Qu'il pouvait leur parler comme « avant » et s'attirer leurs bonnes grâces par ces petites phrases délectables… Sans doute était-il plus facile de les amadouer du temps de Beauvau avec les mauvaises manières de Jacques Chirac, qu'avec ses peines de cœur maintenant qu'il a pris sa place juste en face ! Et puis… Un président de la Ve République en exercice ne s'adresse pas à la presse comme peut le faire un ministre, *a fortiori* un chef de parti. En contrepartie d'un immense pouvoir issu du suffrage universel, il doit observer une certaine réserve. Accusé d'en manquer, l'homme bientôt délaissé par sa femme ne se verra donc accorder aucune circonstance atténuante. S'il a des blessures, qu'il s'en prenne à lui-même. Cécilia, elle, sera presque encensée. Reprenant le 14 août, en titre d'un dossier de quatre pages, la petite phrase à propos de celle qui serait « le seul souci » du président, *Libération* fait preuve d'une grande mansuétude à l'égard de ses écarts du protocole. Pour Laurent Joffrin, qui signe l'éditorial, ses « cent premiers jours » passés « au sommet de l'État » font d'elle « un symbole très contemporain ». Mieux, les « foucades de Cécilia Sarkozy, *in fine*, sont un signe de progrès dans les mœurs ». Et cela « quoi qu'on pense par ailleurs des idées de son mari »… Gageons que le directeur du quotidien exprime dans sa colonne de la page 2 ce que pense alors une bonne partie de la presse. Haro sur la droitisation au sommet de l'État et bravo à l'inconstance féminine. Cécilia va se parer de toutes les vertus, y compris quand elle revient triomphante de son opération humanitaire à Tripoli chaperonnée par Claude Guéant, alors secrétaire général de l'Élysée. Certes des voix s'indignent au Parti socialiste pour dénoncer « le manque de transparence » de cette mission. Et exiger sa venue devant la commission parlementaire qui enquête sur l'affaire, à l'instar du député du Doubs Pierre Moscovici, qui précise dans une interview à *Libération* (14 août) que « nous ne sommes pas en monarchie ». La remarque fera florès dans les mois, voire les années, qui suivront la délivrance des infirmières bulgares. Mais jamais Cécilia ne sera dans la ligne de mire des médias. « Elle incarne la femme française, celle qui a réussi à s'émanciper tout en restant féminine », relève Élise Karlin (*L'Express* du 13 septembre 2009). Cette femme « libre » force l'admiration. Elle a une autre ambition que la collecte des pièces jaunes… Lui, Nicolas, portera longtemps le fardeau de ce moment de gloire qu'il voulait être le seul à pouvoir lui procurer. Cela d'autant qu'il refuse cette audition devant des parlementaires « au nom de la séparation des pouvoirs » entre l'exécutif, dont il est le numéro un, et le législatif. Pas plus que lui-même, elle ne saurait en l'occurrence répondre à une convocation du Parlement. Ce qui aura le don d'agacer les chasseurs de vérité. « Touche pas à Cécilia », placarde *Libération* à sa Une du 24 août 2007, en s'insurgeant contre cette « aberration constitution-nelle » (éditorial de Didier Pourquery) qui permet-trait à l'épouse promue « émissaire » du chef de l'État de bénéficier de son inviolabilité. « Abracada-brantesque », s'amuse-t-on dans les rédactions où l'on commence à trouver que l'élève Sarkozy a dépassé le maître Chirac pour « s'arranger » avec la loi. Le dossier intérieur du journal va poser la question qui fera beaucoup plus mal. *Quid* des éven-tuelles « contreparties » que devra honorer le président de la République ? Le doute est aisément semé depuis sa courte visite effectuée à Tripoli au lendemain de la libération des soignants bulgares au motif d'« aider la Libye à réintégrer le concert des nations »…

Le soupçon deviendra triste vérité quand Kadhafi sera son invité en décembre à Paris. Ce ne sont pas les précontrats d'armement et la promesse du nucléaire civil qui provoquent un tollé. Toute la presse va s'émouvoir à juste titre des humiliations publiques que le dictateur, installé sous sa propre tente dans l'enceinte de l'hôtel Marigny, à deux pas de l'Élysée, va faire subir à la France. Flairant le bon « coup » médiatique, *Le Parisien* publiait le jour même de l'arrivée du Guide une interview de Rama Yade, toute jeune secrétaire d'État aux Droits de l'Homme, qui lance, bravache : « Notre pays n'est pas un paillasson sur lequel un dirigeant, terroriste ou pas, peut venir s'essuyer les pieds du sang de ses forfaits. » La phrase fait l'effet d'une petite bombe et tourne en boucle sur les radios et les chaînes d'information continue. Le portrait de la belle Rama est partout à l'affiche. Elle prend du galon dans l'opinion en narguant son ministre de tutelle Bernard Kouchner et apparaît dans les sondages de popularité. Que Nicolas Sarkozy répète à l'envi, jusqu'à être démenti par l'intéressé lui-même, avoir incité le colonel à « continuer à progresser sur le chemin des droits de l'Homme » ne changera rien à l'affaire. Aucun commentateur ne juge utile de rappeler que Tripoli venait d'être élu membre non permanent du Conseil de sécurité de l'ONU après en avoir été exclu pendant plus de trente ans.

La présence arrogante du dictateur libyen dans la capitale française n'était qu'une partie de la facture à payer pour l'étincelant mandat de Cécilia. Et quand Nicolas Sarkozy prendra quatre ans plus tard le leadership d'une intervention militaire en Libye aux côtés des insurgés, les langues et les plumes des commentateurs se délieront aussitôt pour montrer que non seulement il « tentait de se refaire après avoir laissé passer le train de l'histoire en Tunisie et en Égypte » (Jean-Dominique Merchet dans *Marianne* du 26 mars 2011), mais aussi qu'il cherchait « à faire oublier le tapis rouge déroulé au grotesque et sanguinaire colonel Kadhafi [...] et la realpolitik, dans sa chimie la plus pure, mise en œuvre depuis le début du quinquennat » (Nicolas Demorand dans *Libération* du 11 mars).

On l'avait peut-être oublié. Mais l'épisode de la venue de Kadhafi a soldé dans la douleur les comptes de la séparation annoncée du couple présidentiel. S'il avait pris des risques, s'il les avait payés cher pour qu'elle brille en héroïne, elle était malgré tout partie, abandonnant les ors du pouvoir où, main dans la main, elle avait su conduire son mari. Comme la reine Élisabeth devait connaître en 1992 son *annus horribilis*, octobre 2007 fut un *mensis horribilis* pour Nicolas Sarkozy. « Octobre noir », écrira François Bazin dans *Le Nouvel Observateur*. Il a dû accepter, une première dans les annales de la République, le divorce demandé par sa femme et serrer les dents – il en fit un abcès à la gorge qui a nécessité une brève hospitalisation le 21 octobre – devant les interprétations qu'il pourrait susciter. Car partout on tenterait de comprendre comment il était possible de renoncer à tant d'honneurs pour un nouveau bonheur. Fallait-il qu'elle soit malheureuse…

Dans un sursaut de pudeur, un peu comme s'il était temps de préserver un minimum de dignité au sommet de la scène nationale, la presse ne donnera pas dans la surenchère contre le président pour expliquer les raisons d'une rupture, la seule qu'il redoutait. Rarement le départ de Cécilia sera décrypté comme la réponse de la gentille bergère au vilain berger. Était-ce la crainte d'aller trop loin

dans ce registre capable de soulever l'ire présidentielle ? La peur de ses foudres ? Toujours est-il que
les analyses se focalisent davantage sur la femme
« imprévisible » (*Le Parisien* du 18 octobre), ou
« sereine » (*Match* du 18 octobre), que sur les
travers du mari. Même dans la presse qui, d'ordinaire, ne le ménage guère.

Seule l'annonce du divorce va donner lieu à
quelques allusions blessantes. Que les journalistes
se soient démenés pour dévoiler la date n'a rien que
de très normal. C'est même le cœur de leur travail.
Aller au-devant d'une information très attendue
des lecteurs ou des auditeurs, et retenue pour en
édulcorer au mieux la teneur. Avec un jour
d'avance, Carole Barjon a remporté la palme pour
Le Nouvel Observateur. Ce fut un petit moment de
lustre légitime. Mais que certains aient relayé les
interrogations du Parti socialiste qui refusait de
croire en une simple « coïncidence » entre le choix
de la date (le 18 octobre) pour officialiser le divorce
et la première grande journée de grève nationale
contre la réforme des régimes spéciaux de retraite,
fut moins glorieux. À telle enseigne que cette
dénonciation du « timing parfait de l'Élysée »
(*Rue 89*) cherchant à masquer la dureté du mouvement social derrière la douceur d'une séparation
par consentement mutuel, sera limitée aux sites
internet, bastion protégé de toutes les allégations

hasardeuses. Trois ouvrages[1] de journalistes, publiés en janvier 2011, remettront pourtant la séparation au goût du jour. Et montreront que beaucoup de journalistes avaient des impressions et des informations rentrées. Peut-être aussi l'envie de s'affranchir de l'hôte de l'Élysée, même dans la sphère privée. Au grand dam des ex-époux qui ne vont pas apprécier les éléments relatés. Les portraits esquissés et les raisons du divorce ne sont pas toujours à l'honneur du mari abandonné. L'ouvrage d'Anna Bitton va dans l'intime, livre des confidences que Cécilia avait lâchées en toute confiance dans des moments d'atermoiements. Nicolas Sarkozy serait « pingre », il n'aimerait « personne, même pas ses enfants », et n'aurait « pas d'amis ». Juste ce qu'il ne fallait pas écrire. Il y a les enfants à ménager et la présidence à ne pas écorner. L'ex-première dame veut l'interdire par un référé.

Sans succès. Le livre fait recette. La reporter du *Point* sera interdite plusieurs mois de voyages officiels dans le sillage présidentiel. Et la sanction jugée indigne dans la profession. Là encore, Nicolas Sarkozy vient de perdre là où il croyait pouvoir gagner : avec la presse.

---

1. *Cécilia* par Anna Bitton, Flammarion.

Cécilia, la face cachée de l'ex-première dame, par Denis Demonpion et Laurent Léger, Pygmalion.

Ruptures, par Michaël Darmon et Yves Derai, Éditions du moment.

Chapitre 6

LE « BLING-BLING »

Les royalties continuent de tomber. Avoir déniché l'étiquette qui va marquer le quinquennat du président de la République mérite les honneurs et quelques espèces sonnantes et trébuchantes. Ou plutôt, ce qui est loin d'être négligeable et très convoité, une présence régulière dans les grands « talk-shows » télévisés où l'on commente l'actualité politique en toute liberté. Certes, Sylvie Pierre-Brossolette (*Le Point*), Laurent Joffrin (ex-directeur de *Libération* aujourd'hui patron du *Nouvel Observateur*) et Nicolas Domenach (*Marianne*), dont les titres respectifs se sont un temps disputé la paternité de la trouvaille, ne sont pas abonnés à ces confrontations radiotélévisées pour cette seule innovation lexicale. Ils appartiennent par leur expérience et leur aisance au cercle restreint des majestés de la fonction éditoriale qui vont cueillir leurs informations directement dans les allées – ou à la table – du pouvoir, quand la piétaille journalistique doit se contenter des couloirs de l'Assemblée nationale.

N'empêche. Oser affubler le chef de l'État de l'expression « bling-bling », apparue dans l'argot jamaïquien pour désigner, par onomatopées, le bruit de l'or et l'éclat des diamants, était idéal pour frapper les esprits. Même Yasmina Reza n'y avait pas pensé. Dans son portrait[1] du candidat de l'UMP, truffé de saynètes et de formules cinglantes, la dramaturge se rit elle aussi de « son attirance de pie pour tout ce qui brille ». Mais pas de titre racoleur pour aguicher le chaland. Elle veut se garder de toute expression partisane, préférant, de ses propres dires, « l'observation picturale[2] ». Un regard d'artiste, plutôt qu'une charge politique. D'où la dénomination plus énigmatique de l'ouvrage publié fin août 2007. Avec *L'Aube, le soir ou la nuit*, Yasmina Reza se distingue de la caricature naissante autour de Nicolas Sarkozy et « de sa protubérance du moi, de sa folle mégalomanie, de son arrogance… ». Après des mois de suivi en campagne, elle ne veut pas réduire sa personnalité à « un ego démesuré ». L'analyse méritait à ses yeux d'être « plus subtile ». Au risque d'être mal

---

1. *L'Aube, le soir ou la nuit,* par Yasmina Reza, Flammarion, 2007.

2. Interview exclusive avec l'auteure dans *Le Nouvel Observateur* du 23 août 2007.

comprise des médias. « Il suffit, une fois, d'oser prononcer une phrase qui sorte des critères de la bien-pensance de gauche pour être cataloguée réac pendant quinze ans », s'indigne-t-elle après avoir retrouvé ses propres propos « raccourcis, transformés, trahis » dans la presse. Et d'ajouter : « C'est ce qui m'est arrivé à mon petit niveau, c'est ce qui lui est arrivé à la puissance dix d'autant qu'il parle avec une franchise déconcertante, une énorme dangerosité, sans jamais se retenir ».

Trop heureux de pouvoir exprimer leur détestation du style de Nicolas Sarkozy en deux petits mots tintinnabulants, ses opposants ne se perdront pas dans les mêmes scrupules. Tous vont d'emblée s'emparer du bling-bling. Ses partisans n'auront de cesse de s'en offusquer. Choqués de voir le premier personnage de l'État ramené au rang des rappeurs les plus « *hard* », ils veulent croire que leur mentor ne mérite pas la comparaison avec ces poupées carnavalesques à l'accoutrement choquant. On connaît le résultat : le « bling-bling », versus Nicolas Sarkozy, a fait un tour de France plus rapidement que les participants de « la grande boucle » en suscitant le même engouement. Loin de s'étioler avec le temps comme toute lubie de la mode vite remisée au grenier, il est resté collé au président. Tel un synonyme bien utile à l'orateur, au débatteur ou au fournisseur de papier cherchant à désigner le président sans répéter son qualifiant. « Le bling-bling de la République », c'est bien lui, celui qui « abîme » la fonction comme le répéteront à l'envi ses adversaires, de gauche et de droite, tous conscients que le terme frappait là où ça fait mal. Jusqu'à Jean-Marie Le Pen, pourtant rarement à court d'invectives aussi grossières que meurtrières, qui s'est senti obligé de gouailler autour du « président bling-bling flon-flon ». C'était début 2008, lors des vœux à la presse du leader du Front national, au moment où le label fait fureur.

Libération venait de le populariser par sa Une fracassante du 19 décembre – « Président bling-bling » – où l'on voit Nicolas Sarkozy, certes en costume cravate, mais portable à l'oreille et Ray-Ban sur le nez. Le cliché a été pris en Guadeloupe en mars 2006, bien avant son accession à l'Élysée. Mais qu'importe. Le dossier s'étale sur cinq pages, abondamment illustrées de photos d'un président prompt aux embrassades, en short, en vacances ou au bistrot, où l'on semble comprendre ce qui se cache derrière l'expression. Un « sans-gêne » clinquant qui met les Français dans l'embarras. « Il a parfaitement intégré cette culture si contemporaine de la téléréalité, faite d'exposition de l'intime, de langage populaire et de compétition féroce », disserte Laurent Joffrin qui s'inquiète d'une possible bifurcation « vers la comédie berlusconienne ». En dépit d'une diffusion qui ne touche pas les foules, le quotidien fait un tabac. Ses Unes choc aux jeux de mots décapants dépassent largement son fidèle lectorat. Cette histoire de bling-bling amuse les Français. On n'est plus au temps de la guillotine, mais voir le président menotté de son plein gré, piégé par son amour immodéré du paraître, a de quoi les ravir.

Nicolas Domenach ne va donc pas abandonner à *Libération* l'antériorité d'une telle fulgurance ! Réagissant à ce « coup » d'éclat du quotidien, le directeur adjoint de la rédaction de *Marianne* va aussitôt lui administrer une leçon de confraternité, jurant que « son » hebdomadaire avait bien été « le premier à employer la formule en mai dernier (le 19), après la nuit du Fouquet's ». C'est là que l'étoile du nouvel élu s'était perdue dans la nébuleuse trop scintillante des grosses fortunes du CAC 40 et des vedettes du show-biz. « Quelqu'un peut-il dire mieux ? », interrogeait, faraud, Nicolas Domenach. Eh bien oui, *Le Point* a levé le doigt dans son numéro du 11 janvier. Se disant « ravi de participer » à cette reconnaissance en paternité, il assure être le génial géniteur. « C'est nous, avant la nuit du Fouquet's, qui avons lancé en politique cette expression empruntée à l'univers du rap, au cours d'un abécédaire de l'anti-sarkozysme ». Et de citer l'article publié le 3 mai : « Lunettes Ray-Ban, chaîne en or, chronographe Breitling au poignet : comme eux, le candidat de l'UMP aime les marques, le luxe, ce qui brille. Bref, ce que, dans la mythologie hip-hop, on appelle le bling-bling ». Contraint de reconnaître les faits, Nicolas Domenach se gaussera de ce « magazine sarkozyste qui s'est permis le premier tant d'irrévérence ». Fut-il piqué au vif par son audacieux concurrent ? En tout cas, *Le Point* ne résistera pas longtemps à l'inflation galopante des Unes provocantes contre le président. Persévérer sur une ligne pondérée l'eût relégué dans le camp peu vendeur des conservateurs étriqués. La première, avec un « Ce qui cloche » placardé au-dessus d'un portrait de Nicolas Sarkozy semblant se défier de lui-même, fera son apparition en kiosques le 7 février 2008. Elle côtoie sur les étals des marchands de journaux celles de *L'Express* (« La déception »), du *Nouvel Observateur* (« Le président qui fait pschitt… »), et de *Marianne* (« Hier ils se couchaient, aujourd'hui ils le lynchent ! Les vraies raisons de son effondrement »). *Le Point* pousse un « ouf » de soulagement. Il est dans la tonalité.

Ce sera pour ce news le début d'une longue série assassine. Nous en avons dénombré une bonne quinzaine pour l'hebdomadaire dirigé par Franz-Olivier Giesbert. C'est aussi pour lui le ralliement définitif à la fronde contre le chef de l'État. Comme pour Sylvie Pierre-Brossolette qui signera la plupart des « papiers » mordants. Plutôt sarkozyste avant l'élection du 6 mai, au point d'avoir organisé un dîner au ministère de l'Intérieur pour le candidat, la fille de Claude Pierre-Brossolette, ancien secrétaire général de l'Élysée sous la présidence de Valéry Giscard d'Estaing, ne va pas rallier la gauche… Mais ajouter sa signature à la cohorte naissante des « anti-Sarko » venus de tous horizons. Le retournement de la rédactrice en chef du service politique de l'hebdomadaire se profile dès le mois de décembre avec l'« enquête sur l'État Sarkozy ». À l'instar de tous les commentateurs soucieux de préserver leur Triple A des signatures les plus sûres, elle s'interroge sur l'état des « promesses » faites six mois plus tôt. « Beaucoup de mauvaises habitudes subsistent. La transparence des budgets laisse à désirer, la neutralité des promotions reste à démontrer, les pratiques dispendieuses n'ont pas été éradiquées. L'"État Sarko" a évolué *"ma non troppo"* » juge, péremptoire, Sylvie Pierre-Brossolette.

Les dossiers à charge[1] sortiront crescendo, mettant toujours en cause la personnalité « bling-bling » du président. Comme dans cette longue

---

1. « Ce qui cloche » (7 février 2008), « L'homme cerné » (28 février), « Après l'avertissement du premier tour : ce qu'il mijote » (13 mars), « Après le vote sanction contre Nicolas Sarkozy : peut-il changer ? » (20 mars), « La vie quotidienne à l'Élysée » (17 avril), « Sarkozy et les psy » (29 mai), « La présidente » (5 juin), « Sarkozy off » (3 juillet), « L'Omniprésident. Nominations, médias, Constitution, économie, euro… L'homme qui veut tout faire » (24 juillet), « Ce qu'il ne veut pas dire… Et ce qu'il va faire. Crise, économie, réformes… » (25 septembre), « Les colères de Sarkozy » (20 novembre) ;

« Nicolas Bonaparte » (8 janvier 2009), « Est-il dépassé ? » (5 mars 2009), « Les francs-maçons de Sarkozy » (12 mars), « Enfin seul ! » (11 juin), « L'affaire Jean Sarkozy » (15 octobre) ;

« Les sondages sont au plus bas et les critiques s'accumulent : Est-il si nul ? » (17 juin 2010), « Affaire Bettencourt : L'été meur-

enquête où les auteurs [1], trois ans après l'apparition du sobriquet meurtrier, soulignent que le président est « surtout soucieux que cela (ndlr : la polémique sur les voyages de MAM et François Fillon à Noël) ne renvoie pas à l'image de ses débuts bling-bling ». Une volonté certes ténue, mais réelle, d'entretenir la flamme du péché originel. Ce qu'Alain Duhamel, chroniqueur, entre autres, du… *Point*, qualifiera « d'hystérie anti-Sarkozy » dans le numéro du 12 mai 2011 du magazine. « Son image ressemble chaque année davantage à une caricature », observe le journaliste orfèvre en politique qui croit connaître la vraie raison de cet accablement : « Cela tient en partie à son erreur majeure, l'identification avec la caste de l'argent » quand « les Français détestent la richesse ». Mais « en partie », seulement. Pour le reste, « la presse et les médias » ont à ses yeux leur responsabilité,

---

trier » (le 8 juillet avec Anna Cabana et Hervé Gattegno, et Saïd Mahrane), « Présidentielle 2012 : A-t-il déjà perdu ? » (26 août), « Le temps des révélations : Carla et le président » (16 septembre), « Comment il prépare sa revanche » (7 octobre avec Anna Cabana et Saïd Mahrane), « La comédie du pouvoir » (18 novembre avec Anna Cabana, Hervé Gattegno et Saïd Mahrane), « Sarkozy-DSK : le match a commencé » (2 décembre avec Romain Guibert) ;

« La malédiction : le récit secret de quatre années à l'Élysée » (7 avril 2011), « Les humiliés de Sarkozy » (30 juin 2011), « Un parfum de fin de règne » (29 septembre).

1. « L'increvable » par Anna Cabana, Saïd Mahrane et Sylvie Pierre-Brossolette dans *Le Point* du 17 février 2011.

« d'autant que la mansuétude dont bénéficie Marine Le Pen tranche bizarrement avec l'aversion qu'inspire Nicolas Sarkozy ». La mise en cause est délivrée avec le brevet d'impartialité que confère au chroniqueur son vote avoué pour François Bayrou en 2007...

Comment ce bling-bling propulsé par la presse a-t-il pu faire florès auprès d'une opinion qui s'était reconnue dans le candidat iconoclaste, ne parlant pas la langue énarque ? N'était-elle pas prête à lui faire grâce de son penchant pour les paillettes en échange de ses piques contre l'ordre établi ?

La première explication est simple. Elle s'appelle Carla. Même si les commentateurs n'ont cessé d'affirmer le contraire, les Français auraient sans doute pardonné à Nicolas Sarkozy les terribles fautes de goût de son tout début de quinquennat s'il avait aussitôt adopté les codes que lui imposait son rang. Nous l'avons vu, le départ de Cécilia ne lui fut pas fatal, nonobstant l'image flatteuse forgée autour de « la femme contemporaine » et les ouvrages publiés à l'avantage de l'inconstante.

Mais en revanche, l'arrivée dans sa vie de Carla Bruni, l'ex-mannequin devenue chanteuse glamour du Paris culturel, déclencha une véritable déflagration.

Dans l'électorat de droite d'abord, où la réprobation succède vite à la stupeur. La frange la plus traditionnelle, *a fortiori* catholique pratiquante, fut à l'évidence choquée par ce surprenant remariage.

Elle s'était déjà sentie mal à l'aise après la visite de Nicolas Sarkozy à Benoît XVI le 20 décembre. N'avait-il pas emmené au Vatican l'artiste comique Jean-Marie Bigard et la mère de Carla qui n'était pas encore son épouse ? L'attitude est jugée légère, comme cette vilaine manière de consulter un SMS sur son portable dans la solennité de sa rencontre avec le Saint-Père.

On sera tout aussi offusqué de cette irruption de la star très people dans les familles de quadras à l'esprit ouvert où l'on avait cru à la sincérité du chagrin de l'homme délaissé. Tout est allé si vite – divorce en octobre, coup de foudre en décembre – et d'une manière si bling-bling, avec ce choix d'un top-model fortuné, que le doute est instillé sur la personnalité du président... Les photos de la dulcinée dans les tenues les plus osées, et les plus dénudées, légendées de la liste imbattable de ses conquêtes, tournent en boucle sur les écrans des « bobos » interloqués.

On est encore plus troublé et agacé dans le peuple de gauche où l'on se félicite d'avoir voté contre cet apôtre du « travailler plus pour gagner plus » qui s'affiche sans complexe dans un vaudeville de nouveaux riches. Peu regardante sur les mœurs débridées des célébrités, la gauche caviar veut simplement y voir un travers supplémentaire de son caractère. Tel qu'elle l'avait jaugé. Inculte, vulgaire, et maintenant voluptuaire. Comment croire à la constance d'un dirigeant, à la profondeur de ses sentiments, quand il tourne aussi vite une page de son carnet sentimental ? « Quelle histoire ! », s'amuse aussi *Le Parisien* du 18 décembre 2007, qui placarde à sa Une la photo du nouveau couple. En cause, la « mise en scène » de ce tout jeune bonheur un samedi après-midi proche de Noël dans les allées de Disneyland Paris. Avec le soupçon que la séquence engendre aussitôt. Les objectifs des photographes sont là, donc ils ont été prévenus. « Il se voit comme une rock star », analyse Ludovic Vigogne dans le quotidien tandis que Renaud Dély estime que « le spectacle » est « censé repousser au second plan les angoisses des Français en matière de pouvoir d'achat ».

L'opinion le pressentait peut-être, les médias le confirment. Il y a bien du bling-bling en lui. Les clichés qui suivront les premiers seront encore plus meurtriers. En vacances en Égypte à la fin du mois. Un Falcon à Louxor et on reparle du sponsor Vincent Bolloré… Puis un tour en Jordanie début janvier, là où Cécilia avait fugué pour la première fois avec son amant. Partout, le chef de l'État apparaît en jeans et veste de survêtement, ses incontournables Ray Ban sur le nez et sa superbe dulcinée à son bras. Main dans la main. Fait-il président ? La question est sur toutes les lèvres. La droite tousse quand elle découvre le jeune fils de Carla, né d'une liaison avec le philosophe Raphaël Enthoven, flashé sur les épaules de Nicolas Sarkozy. L'enfant cache son visage avec ses mains. Les amoureux font valoir qu'ils n'ont pas, eux, de raison de « se cacher »…

L'opinion française vacille. Effritée fin décembre, la cote de popularité de Nicolas Sarkozy va passer dans le rouge en janvier. Selon un sondage BVA-Orange-*L'Express* publié le 15, il recueille 48 % d'opinions défavorables contre 45 % de favorables. En cause selon tous les scoliastes de la vie politique : « Les Français sont troublés par les frasques très jet set d'un président ayant trop le goût du luxe. » Les candidats de la majorité s'inquiètent pour les municipales qui approchent. Tous regardent avec effroi les pages des magazines pulluler d'instantanés illustrant « la romance du président ». Aucun ne fait l'impasse. À tout seigneur tout honneur, *Point de vue* commence le 1er janvier : « Et si elle disait oui ? » *Paris Match* va suivre le 3 avec « Les amoureux du Nil ». Puis *VSD* le 9 : « Et s'ils se mariaient ? » Le même jour, *Gala* évoque « Carla, si fière de la bague de Nicolas », tandis que *Point de vue* revient sur « leur coup de foudre pour la vie ». *Closer*, *Voici*, seront aussi de la partie. L'idylle et les noces promises remplacent les frasques de la famille de Monaco ! *Libération* se régale, après avoir franchi en tête sans scrupule la frontière du minimum de respect dû à un chef d'État élu au suffrage universel. « Carla, on compte sur toi », c'est l'apostrophe de Luc Le Vaillant dans un *Rebonds* (21 décembre 2007) où les plumes qui décoiffent aiment s'exercer. Parlant de « Nico, ce petit niquedouille », l'auteur implore « la Don Juanne » de « le harponner sévère, le harasser sexuellement, pour décharger enfin ses piles Duracell ».

Le déferlement se poursuivra jusqu'au mariage célébré le 2 février dans le Palais présidentiel. Une première qui n'est pas la dernière cause du désamour d'une partie des Français. Surabondante sur le sujet, la presse ne peut cependant être incriminée. On lui donne de la matière, elle s'en sert... S'enflamme tous azimuts pour « les mariés de l'Élysée ». Mais la séquence Nicolas-Carla, bien que menée tambour battant, durera trop longtemps pour être vite oubliée. Vie publique et vie privée semblaient désormais mêlées au son bruyant du bling-bling.

Et pourtant... De manière paradoxale, c'est Carla, devenue Bruni-Sarkozy, qui va tenter de promouvoir une autre image de son mari. De gommer les effets désastreux de ce bling-bling, collé sur sa personne par des journalistes, mais dont il n'a pas su, loin de là, se départir sans tarder. Car pour être branchée, la dame du président n'est pas une ambassadrice du bling-bling. Au contraire. Jamais vulgaire, préférant les tenues sobres des bonnes maisons aux strasses des boutiques de Saint-Tropez, elle cultive un style dépouillé. Ne posera jamais avec son fils, évitera de faire découvrir aux Français les intérieurs de son Éden de

Montmorency, un de ces « ghettos du Gotha » montrés du doigt dans un autre ouvrage de Michel Pinçon et Monique Pinçon-Charlot[1], les auteurs du *Président des riches*. Mieux encore, elle n'aura de cesse de se montrer intelligente, cultivée, seulement soucieuse d'être à la hauteur de l'honneur qui lui était fait. « Je ferai de mon mieux », promet-elle dans une interview à *L'Express* (14 février 2008) qui laisse transparaître un esprit éclairé. « Trop bien pour être vrai », s'écrieront les contempteurs de Nicolas Sarkozy qui perçoivent une opération de marketing politique derrière cette… sacrée union.

Ses premiers pas de première dame de France furent néanmoins à l'aune de son engagement. Impeccables. En Afrique d'abord où ses trois jours ont eu valeur d'examen. Réussi. Juste avant le couronnement à Londres où sa révérence en bibi gris devant la reine Élisabeth II le 26 mars à Windsor fut unanimement applaudie. La jeune mariée éclipse son mari qui en est fier. Il l'a vite compris. C'est elle qui va l'aider à accomplir sa mue. Denis Jeambar semble y croire. Il signe dans *VSD* (19 mars) un article sur celle « qui va changer le président ». L'ancien patron de *L'Express* se fait aussitôt alpaguer par *Libération* (le 20 mars 2008) qui jette un pavé dans la mare. Lui et Christophe Barbier, actuel patron de l'hebdomadaire, feraient

---

1. *Les Ghettos du Gotha*, par Michel Pinçon et Monique Pinçon-Charlot, Le Seuil, 2009.

partie des petites mains sollicitées pour participer à cette « opération de communication orchestrée par l'Élysée », croit savoir Marie Guichoux. La journaliste moque aussi la tribune signée de Carla au même moment dans *Le Monde* (19 mars). « Halte à la calomnie », s'indigne la première dame pour éteindre la polémique née de la révélation sur le site internet du *Nouvel Observateur* d'un « supposé » SMS que Nicolas Sarkozy aurait envoyé à son ex-épouse Cécilia le 6 février, juste avant son mariage avec Carla : « Si tu reviens, j'annule tout. » Rien de mieux pour fustiger la futilité de son signataire. Auteur du scoop, Airy Routier a envoyé une lettre d'excuses à Carla quand il a pris la mesure des dégâts provoqués par sa révélation qu'accompagnait un petit commentaire douloureux pour la promise. Le texto démontrerait que « la véritable obsession de Nicolas Sarkozy a été, et reste, Cécilia ».

« Je lui ai expliqué que je ne voulais pas la blesser », nous assure maintenant le journaliste tout en confirmant l'existence dudit message. Avec toutefois une précision de taille : « Je ne savais pas à l'époque que Sarkozy répondait à un SMS de Cécilia qu'il venait de prévenir de son prochain mariage. "Tu as tort tu fais une connerie", lui aurait renvoyé sur son portable l'ex-épouse plutôt sur le ton de l'amitié. D'où la réponse immédiate du promis dans le même registre, "si tu reviens, etc…". » Avec le recul, Airy Routier pense que

« c'était effectivement au deuxième degré comme on peut l'être entre "ex" au nom d'une complicité passée ». Avouant qu'il avait « lancé l'info » parce que le sujet était « dans l'air du temps », et qu'il est toujours bon pour un journaliste d'investigation de se distinguer « par un bon truc dont il est sûr », il ne nie pas avoir servi malgré lui l'entreprise de déstabilisation qui progressait à l'époque aux dépens du président. L'article corrosif du 20 mars de Marie Guichoux le montre, si besoin était. Sous le titre « Carla, l'arme de Nicolas contre les médias », la journaliste de *Libération* est formelle. Si « l'auteure-compositeure-interprète » a pris la plume, c'est bien pour défendre « son mari » et « fermer la séquence désastreuse du président bling-bling. Et surtout, de la conclure sur le dos des médias ». Habile pour exempter la presse de toute responsabilité. « On n'est jamais si bien servi que par soi-même. » Le vieux proverbe a toujours cours et il peut permettre aux journalistes de s'autoproclamer vertueux...

Et pourtant. Propre confectionneur de son costume « bling-bling », Nicolas Sarkozy ne fut ni l'inventeur de la marque, ni surtout son promoteur. Quand il a (enfin…) compris que le style ne convenait pas, et que Carla s'est efforcée de l'en faire changer, la presse a bien œuvré pour sa pérennité. L'installation du couple présidentiel dans sa fonction a peut-être chassé l'image volage du chef de l'État, la sobriété « chic et choc » de la belle

Italienne devenue première dame a calmé les inquiétudes. Mais lui n'aurait pas su effectuer sa mue salvatrice. « Malgré ses difficultés, M. Sarkozy n'entend rien changer » (*Le Monde* du 26 février 2008). Pour Philippe Ridet, expert en « sarkologie », « loin de toute autocritique, le chef de l'État perçoit la contestation de son style comme une offensive des immobilistes ». Avec « l'élite » journalistique dans le collimateur…

Il suffit de regarder la kyrielle d'articles relatifs à son ostentation et son impossible changement de comportement, pour percevoir l'influence des médias. Les plumes politiques peuvent aisément fonder leurs analyses sur des sondages calamiteux. Auscultés sans répit sur ce qui constitue les deux faiblesses du président, son style et ses résultats en matière de pouvoir d'achat, les Français expriment très tôt leurs doutes. Et chaque fois qu'il chute dans les enquêtes (à 37 % d'opinions positives par exemple selon LH2 pour *Libération* le 3 mars 2008), les commentateurs sont à la fête. « Les Français redoutent aujourd'hui l'erreur de casting. Pour eux, Sarkozy c'est trop de luxe (de yacht, de jet, de cadeaux égyptiens), trop de beautés (de Cécilia, de Carlita) et pas assez de calme. » Bref, il ne fait pas, ou du moins pas assez président », croit savoir Nathalie Raulin dans le quotidien de Laurent Joffrin. Lequel assure dans son éditorial du même jour que « c'est l'homme et non telle ou telle de ses décisions ou de ses ambitions, qui est en cause ». Sans doute… Alors pourquoi ne jamais parler des bons points qu'il a pu décrocher dès la première année qui suit son élection ? De la loi sur l'autonomie des universités votée en août 2007 dans la peine et aujourd'hui saluée, de celle sur le service minimum dans les transports et les écoles, édulcorée certes sous la pression des contestataires mais plus efficace qu'on ne le dit, de la réforme des régimes spéciaux de retraite ou encore du plan Alzheimer ? Les acquis ne sont jamais « testés » par les sondeurs. La manière de gouverner occulte les fruits récoltés. La manière de se comporter davantage encore peut-être.

Les élections municipales des 9 et 16 mars 2008 viendront conforter ce que la presse distillait à la lumière des sondages. Seul le maintien de Jean-Claude Gaudin à Marseille va sauver la majorité de sa déroute. Elle perd neuf villes de plus de 100 000 habitants et trente-six parmi les plus de 30 000. Incontestable, cet échec local est imputé au président. Xavier Darcos à Périgueux, Rama Yade à Colombes. Les icônes du sarkozysme sont taillées en pièces. Patrick Devedjian, alors secrétaire général de l'UMP, assure qu'on ne saurait « exclure des considérations nationales du vote des électeurs ». Les commentateurs n'évoquent plus le style de Nicolas Sarkozy, le « bling-bling » des premières heures mais le rejet de sa personne. Ce qui est beaucoup plus grave. Parce que durable et consubstantiel à l'homme. « Dès que la situation politique le permettra, le naturel reviendra au galop », prédit Sylvie Pierre-Brossolette (*Le Point* du 20 mars 2008) qui ne croit pas à son « retour dans l'orthodoxie ». Pour Jacques Julliard, « il était indigne d'un grand pays comme le nôtre d'être gouverné en marge des institutions, par le bon plaisir et les caprices d'un enfant gâté déguisé en rock star », écrit l'éditorialiste dans *Le Nouvel Observateur* du 20 mars 2008. « Peut-il entendre ? », ajoute Carole Barjon qui juge que « « pour la première fois, Nicolas Sarkozy a perdu son bras de fer avec l'opinion ».

Deux « dérapages » de langage avaient pour toujours interdit son retour en grâce dans le cénacle. Non sans raison. Au moment où il doit célébrer l'an I de sa présidence et commence à se préoccuper de la bienséance, au moment où le travail de Carla – pour que le calme et la sobriété triomphent de l'emportement – commence à se faire sentir, Nicolas Sarkozy va trébucher. Du « descends de là, si tu es un homme » lancé le 6 novembre 2007 à un pêcheur du Guilvinec qui venait de l'insulter, au « Casse-toi, alors, pauvre con » rétorqué le 23 février 2008 à un visiteur du Salon de l'Agriculture qui refusait de lui serrer la main, le président semble incapable de maîtriser son impulsivité. Chaque fois, les vidéos font fureur sur le net… On reparle du « bling-bling », de l'absence de self-control… En parfaite symbiose avec l'opposition qui ponctue nombre de ses interventions de l'étiquette tueuse. « Il tente de faire oublier sa période bling-bling. Mais les Français n'ont pas la mémoire courte », observe souvent Jean-Marc Ayrault sur son blog. Les journalistes non plus.

Chapitre 7

OBAMANIA CONTRE SARKOPHOBIE

Début novembre 2008. La tempête financière de l'automne et les craintes qu'elle a engendrées dans le pays ont servi Nicolas Sarkozy. Venant des États-Unis, avec la faillite du système des « subprimes » presque inconnu du grand public, elle ne pouvait être imputée au président français. Le voilà promu chevalier blanc devant les turpitudes de la puissance mondiale de l'argent ! Une chance pour celui qui voyait s'effriter sa cote de popularité depuis le début de l'année et pouvait soudain revêtir l'habit de chef de crise qu'il sait lui convenir. Certes un sondage OpinionWay publié le 17 octobre dans *Le Figaro* (en partenariat avec LCI) augurait déjà d'un frémissement positif. Pas moins de 60 % des Français déclaraient apprécier sa manière de gérer la crise. Mais cette fois-ci, le 7 du mois, le président gagne sept points dans le baromètre CSA-ITélé-*Le Parisien* qui scrute mensuellement la courbe de sa cote. « C'est dit. Nicolas Sarkozy inspire à nouveau l'opinion », fait valoir le quotidien populaire. Invité à commenter cette embellie, Stéphane Rozès, le directeur général du CSA, l'attribue au « retour des accents nationaux et sociaux du Sarkozy de la présidentielle au travers de l'appel à l'État et des contrats aidés ». Son pragmatisme et la dénonciation des comportements de certains banquiers enchantent les classes populaires. « Suis-je devenu socialiste ? », s'était amusé le président, le 21 octobre devant le Parlement européen. Comme si cette provocation dans la même veine que celle prononcée devant l'Université du Medef fin août 2007 – « dans une autre vie je pourrais peut-être faire directeur des ressources humaines du PS » – était opportune... Un an plus tard, il n'en a cure, grisé par l'accueil favorable réservé à son « discours de Toulon ». Prononcé le 25 septembre dans la capitale varoise, il a surpris par sa fibre sociale. Et s'il venait d'effectuer un tournant dans sa politique ? S'il abandonnait le libéralisme qui fait peur pour un interventionnisme de l'État qui rassure ? S'il avait le courage de réformer le capitalisme financier ? Les Français le jugent à 44 % convaincant (sondage CSA publié dans *Le Parisien* du 27) tandis que 43 % sont d'un avis contraire.

En alerte devant ce recentrage, la gauche, vite rejointe par François Bayrou, fustige l'écart entre le discours et les actes. Le président du Modem le rabaisse à « une incroyable accumulation de promesses ». *Libération* est à l'unisson et ne voit, sous la plume de Laurent Joffrin, qu'« une réaction à la crise avant tout verbale ». Nicolas Sarkozy préfère le verdict des sondages à celui de ses adversaires. Et se promet à lui-même de protéger ceux qu'il voulait bousculer. Après tout, une remontée de sa cote de popularité valait bien un petit virage idéologique. L'opération ayant réussi sur la scène nationale, il ne restait plus qu'à l'étendre hors de nos frontières.

Car depuis le 1er juillet et jusqu'à la fin décembre, il est aussi le président de l'Europe. Et il sait combien une bonne image à Bruxelles peut magnifier celle qui peut se ternir si vite dans l'Hexagone. Son audace et son activisme déployés en plein mois d'août dans le conflit russo-géorgien lui ont redonné un peu du lustre disparu au fil de penchants « bushistes » trop affichés à l'instar de ses errances conjugales. Contrairement aux craintes exprimées dans la presse française dès le mois de janvier, le chef de l'État français n'exercerait pas seulement la présidence de l'Union européenne « sous étoiles et paillettes »[1]. Le va-t-en-guerre vilipendé pour attiser les conflits jusque dans sa majorité, serait aussi un faiseur de paix. Même Hubert

---

1. « Sarkozy, président de l'UE sous étoiles et paillettes », par Éric Mandonnet dans *L'Express* du 30 janvier 2008.

Védrine nous le confiera lors d'un déjeuner avec quelques confrères à la rentrée. L'ancien ministre des Affaires étrangères de Lionel Jospin le trouve « bougrement malin » et « pas dépourvu d'habileté diplomatique ». Mais au cœur de l'été 2008, la presse française se fait discrète sur cette agilité loin de nos frontières. Elle a des lectures beaucoup plus « sexy » à proposer aux vacanciers. À quoi bon s'attarder sur les lauriers dont il s'est couronné à Tbilissi ? « Il le fait tellement lui-même », se dédouanent ceux qui l'entendent parfois se targuer d'avoir évité à la Géorgie d'être rayée de la carte par les Russes. Seul *Le Figaro*, fidèle soutien du président à la première alerte, se montre enthousiaste et titre le 13 août sur « l'accord de paix entre Russes et Géorgiens » obtenu par le président français… Ce que dénonce *Marianne 2* le jour même, en assurant que « la négociation du plan de paix n'a pas fait avancer d'un iota le dossier sur le plan politique ».

Moins agressif mais vigilant, *Le Monde* observe les semaines suivantes le retour en grâce du chef de l'État via l'Europe. Et ramène subrepticement ses lecteurs à l'équation narcissique du sarkozysme. Dopé par cette gloire soudaine, et notamment le montage de ce plan de 1 800 milliards d'euros négocié dans l'urgence avec ses partenaires européens pour sauver les banques, Nicolas Sarkozy se sentirait pousser des ailes nouvelles. « Diriger la zone euro jusqu'en 2010 », c'est ce qu'il fallait lire selon le quotidien du 23 octobre dans ses proposi-tions énoncées deux jours plus tôt devant le Parle-ment européen. Outre l'Eurogroupe deux ans de plus que prévu, il se verrait bien présider l'Union pour la Méditerranée, pourtant encore dans les limbes. L'attaque est peu vindicative, fondée sur les seuls propos de Nicolas Sarkozy à Strasbourg, mais néanmoins incisive. Insatiable et « perso », telle serait bien la nature de « Super-Sarko ». L'article n'oublie pas de conclure sur la mauvaise manière faite à Angela Merkel. La chancelière n'a « pas été prévenue avant son discours ». Effectivement, elle n'appréciera guère et dira « non » à un gouverne-ment économique de la zone euro. Ce qu'en vestale de la puissance financière allemande, elle aurait à l'évidence refusé à tout autre partenaire. Mais l'important pour ses détracteurs, c'était de voir le président français contraint de modérer ses ambi-tions. Et de mettre à sa charge le tangage du couple franco-allemand. Les médias vont traquer pendant de longs mois les signes de désaccord entre les deux dirigeants. Systématiquement en cause : les « gestes familiers » du président qui glacent sa partenaire d'outre-Rhin, sa façon d'apostropher son époux actuel, Joachim Sauer, en l'appelant « Monsieur Merkel », du nom du premier mari de la chance-lière, et surtout sa propension à vouloir régenter l'Europe quand les déficits français sont loin d'être un modèle à suivre.

Dans une longue analyse publiée le 11 décembre 2008 dans *L'Express*, Christian Makarian, aujourd'hui directeur délégué de la rédaction, radiographie ce « couple impossible » que forment « l'ancien maire de Neuilly et la fille adoptive de Brandebourg » avant de conclure avec gravité : « Sarkozy affaiblit la chancelière sur le plan intérieur. » Le scud atteint sa cible. L'action du président serait même nocive au pays de la vertu ! Combien de fois va-t-on railler son empressement à faire plier Angela Merkel ? À mettre en scène son ralliement quand elle l'aurait en réalité débouté ? L'avenir montrera une réalité plus nuancée. En particulier le jour où il obtiendra au forcing que l'Allemagne vole au secours de la Grèce, étranglée par l'étau de sa dette, le président français sera salué pour avoir réussi à briser la cuirasse de gestionnaire (trop ?) vertueuse de la chancelière. Certes une partie de sa coalition va le lui reprocher mais les europhiles lui sauront gré d'avoir tout tenté pour sauver la monnaie unique. Le 29 septembre 2011, elle sortira renforcée du vote massif du Bundestag en faveur d'une plus forte participation de l'Allemagne au FESF (Fonds européen de stabilisation financière). La bataille n'était pas gagnée d'avance. Nicolas Sarkozy fut l'un de ses meneurs en juillet avec la chancelière. La presse française du lendemain ne lui décernera aucun bon point. Pas plus qu'elle ne reconnaîtra son rôle dans l'accord du 26 octobre dernier signé entre les dirigeants de l'Eurogroupe pour sauver *in extremis* l'euro de la crise grecque. Du périlleux G20 de Cannes des 4 et 5 novembre où l'Europe vacillera sous la menace du référendum grec, les quotidiens ne retiendront à l'unisson que ses manquements et les oukazes de « Merkozy ». Comme le dira Alain Juppé le lendemain sur Europe 1 : « Quand Angela Merkel et Nicolas Sarkozy se concertent, on dit qu'ils ne font rien et quand ils prennent des décisions on dénonce leur manque de concertation ! »

La polémique va s'exacerber au fil de la crise des dettes souveraines de l'Europe, des menaces de défaut des États les plus touchés, des avertissements des agences de notation et de la fermeté de la Chancelière qui ne veut pas que l'Allemagne vertueuse paye pour les cigales du sud. Confronté à son intransigeance, Nicolas Sarkozy ne dispose pas des mêmes armes que sa partenaire pour négocier, nos voisins d'outre-Rhin affichant des résultats meilleurs que les nôtres dans tous les domaines économiques. Alors bien sûr, l'opposition a beau jeu de répéter que Nicolas Sarkozy est le vrai responsable des déboires français et le candidat François Hollande d'assurer qu'il saurait, le moment venu, faire plier Angela Merkel en attendant le retour au pouvoir de la gauche allemande en 2013. La presse, elle, s'interroge. Si, fidèle à son rôle, *Libération* va moquer « Merkozy candidat » (le 2 décembre 2011) au lendemain du second discours de Toulon du chef de l'État et fustiger « un mariage de raison » (le 6) quand le couple franco-allemand proposera un nouveau Traité à la veille du sommet européen du début décembre, certains de ses chroniqueurs se montrent plus nuancés. Ainsi Jean Quatremer, le correspondant du quotidien à Bruxelles, estime le 5 que l'accord trouvé constitue « un pas de plus vers la résolution de la dette souveraine ». De même, tout en confirmant que c'est bien l'Allemagne qui mène la danse dans les discussions entre les deux dirigeants, « de par son poids en Europe et la bonne santé de son économie », Frédéric Lemaître, en poste à Berlin pour *Le Monde*, juge dans l'édition du 3 décembre qu'elle ne cherche pas à « créer une Europe allemande, comme on l'entend souvent, mais une Europe solide ». Arnaud Leparmentier corrigera aussi les assertions de la gauche dans le quotidien daté du 7, en soulignant que le « compromis » signé n'est « pas une victoire complète des idées allemandes ». Et d'argumenter : « Mme Merkel obtient un durcissement des règles budgétaires à long terme, tandis que M. Sarkozy réussit à envoyer des signaux de nature à rassurer les marchés financiers ». Préjugeant du débat majeur de la campagne présidentielle de 2012, les médias veulent à l'évidence mettre tous les arguments dans la balance. Non pas pour soutenir Nicolas Sarkozy… La présence de Jérôme Cahuzac, président socialiste et très offensif de la commission des Finances de l'Assemblée nationale en direct sur

France Info pendant son discours de Toulon, et celle de Jacques Généreux, professeur à Sciences-Po et membre du Parti de Gauche, à LCI où il put longuement le dénigrer juste après, atteste du maintien d'une vigilance très critique des journalistes politiques. Aucun proche du président n'est convié au même moment pour porter la contradiction. Mais la complexité du sujet, et les incertitudes des spécialistes quant à l'avenir de l'Europe, modèrent *de facto* les vérités toutes faites de la presse d'opposition.

Ce n'était pas le cas en 2008 où ses détracteurs lui prédisaient un échec au gré de ses frictions avec la chancelière. Non, Nicolas Sarkozy n'a pas raté d'emblée sa présidence de l'Europe. Loin de là. « Sarkozy bouscule l'Europe », titre le *Journal du dimanche* du 5 octobre 2008. Pour Claude Askolovitch, qui semble encore créditer le chef de l'État d'une certaine efficience, et Nicolas Prissette qui cosigne l'article, il aurait arraché à ses partenaires « l'acte fondateur d'une Europe politique en pleine crise financière ». Même si, concluaient-ils, « il n'a pas refait le monde ». Dont acte ! C'est sous son impulsion que se tiendra le 15 novembre 2008 à Washington le premier sommet du G20 au niveau des chefs d'État et de gouvernement. Martin Schulz, président du groupe socialiste au Parlement européen, affirme que face à la crise de l'automne 2008, le président français « a bien agi et pris les mesures qui s'imposent ». Ministre des Affaires européennes, Jean-Pierre Jouyet, transfuge de la gauche venu à Canossa « pour l'Europe » et retourné très vite au bercail socialiste, le croit aussi. Il nous le dit en privé, une fois le Traité de Lisbonne ratifié : « Sarkozy a su donner un autre tempo à l'Europe. » Mais rien de tel devant les micros. Trop risqué… Certes, son ami François Hollande lui a pardonné depuis cette « mission » en terre ennemie. « L'Europe le méritait », a-t-il longtemps plaidé pour se dédouaner. Discrétion donc sur ce passage coupable de l'autre côté du Rubicon. Aujourd'hui président de l'AMF (Autorité des marchés financiers), Jean-Pierre Jouyet dispense ses conseils au candidat socialiste pour la présidentielle.

En cet automne 2008, Nicolas Sarkozy peut donc à nouveau se mirer dans des sondages de bon augure. Piloter l'Europe dans la tempête, le défi lui sied. Il est convaincu que si son étoile brille dans la galaxie des puissants de la planète, elle rayonnera pour longtemps dans le ciel français. « À ce moment-là il croit qu'il est le maître du monde alors qu'il commence à s'effondrer », me raconte il y a quelques mois un journaliste du service politique du *Monde* qui suit de près son parcours. Serait-ce cet aveuglement qui l'empêche de douter de sa musique quand les journalistes apposent des bémols à chacune de ses partitions ? Il veut convaincre ses visiteurs du contraire. Ce sont eux qui jouent faux. Les sondages seraient là pour contredire leurs critiques... Et l'assurer de la bienveillance des Français qui n'auraient d'yeux que pour son efficacité après « tant d'années d'immobilisme », aime-t-il leur rappeler dans un sourire narquois.

Un événement va pourtant le troubler. Le 4 novembre, Barack Obama est élu président des États-Unis. Les scènes de liesse se multiplient chez l'Oncle Sam. Mais aussi en France où l'on fête avec ferveur, gauche en tête comme si c'était l'un des siens, la victoire du candidat démocrate. En phase avec la population, les magazines de tous bords consacrent des Unes rutilantes et des dossiers dithyrambiques au parcours atypique du prodige. Les commentateurs rendent hommage à celui qui vient de donner « un coup de vieux au système politique français » (*Le Monde* du 6 novembre). À juste titre. Le nouvel élu est à la fois simple et incroyablement charismatique. Grand, beau, foulant le sol d'une démarche altière, cultivé, orateur talentueux, père de famille exemplaire, il a les canons parfaits pour séduire la planète entière. Aucun commentateur n'ira jusqu'à dire, ou écrire, qu'il possède tout ce qui manque au président français. Mais certains le laissaient entendre depuis longtemps... « La France vote Obama », avait titré *L'Express* dès le 29 mai. Dans un pétillant papier, Henri Haget relatait des conversations entendues au cours d'une fête dans un atelier d'artiste parisien. On parle du prétendant à la Maison Blanche comme de « l'incarnation de la fraternité des hommes »… « Bref c'est Jésus », pressent le grand reporter de l'hebdomadaire qui attribue cet engouement à un rêve que seul le sénateur de l'Illinois serait en mesure de réaliser de ce côté-ci de l'Atlantique : « Réconcilier les gamins des banlieues et les élites germanopratines ». Et de conclure : « Tous croient avoir démasqué le fils caché de Martin Luther King sous les traits du candidat métis. »

Le 20 janvier 2009, son entrée dans la liesse générale à la Maison Blanche va illuminer tous les foyers. Scotchés devant leur télévision, les Français ne veulent perdre aucune image du 44e président des États-Unis prêtant serment devant deux millions d'Américains exultant de bonheur. Comme s'ils voulaient communier avec eux sur l'autel de la paix mondiale bientôt retrouvée. Cette Obamania n'échappe pas à Nicolas Sarkozy. Croyant s'en prémunir, il fait, quelques jours avant, cette déclaration sibylline à une radio, lors d'un déplacement à Provins : « J'ai hâte qu'il se mette au travail et qu'on change le monde avec lui. » Trahi par lui-même, par ce besoin permanent de se mettre en avant si prégnant au début de son mandat, il était aussitôt cloué au pilori par Pierre Moscovici. Apprécié des médias pour son éloquence riche en offenses au président français, le député socialiste du Doubs, aujourd'hui directeur de campagne de François Hollande, rétorquait aussitôt sur les ondes que l'arrivée de Barack Obama allait constituer « un bon antidote » et remettre Nicolas Sarkozy « à sa place ». Un avis que reprend presque mot à mot Antoine Guiral dans *Libération* (20 janvier) : « La prise de fonction du nouveau président américain va immédiatement remettre Nicolas Sarkozy à sa place. » Et le journaliste de titrer sur « le drame de la jalousie » que le locataire de l'Élysée serait en train de vivre. Avant de conclure : « Sur le plan du style, tout sépare les deux hommes. » Sous-entendu : celui d'Obama envoûte, celui de Sarkozy déroute. Le président contient son ire. Il sait tout le bien que lui veut le quotidien dirigé par Laurent Joffrin...

Mais le site TF1 News va y mettre du sien. Il veut être à la hauteur des principaux émetteurs sur la toile qui savent planter leurs banderilles. « Poster » des informations plus pimentées que celles, pré-digérées, de ses grands journaux télévisés, doit permettre à la première chaîne de France de conquérir son brevet d'indépendance. Là au moins, on ne voit pas la main de l'ami Martin (Bouygues). Il va donc rapporter comment, au Conseil des ministres qui a suivi le sacre de Barack Obama, le chef de l'État avait évoqué le faste de l'investiture de son homologue américain « en pleine période de crise ». Devant les membres du gouvernement qui auraient bien ri, il s'était dit « certain que s'il en avait fait le dixième », il aurait été étrillé par les commentateurs. Sur le fond, il n'avait pas tort. Le site *Sarkofrance*, émanation de *Marianne* dirigée contre le président, dissertait depuis plusieurs semaines sous le pseudonyme de « Juan » pour mettre en exergue « le contraste saisissant » entre les deux hommes. D'un côté « le rêve de l'Amérique » et de l'autre « le cauchemar de la France » égrené dans de véritables philippiques. Nicolas Sarkozy se targue d'ignorer cette malveillance. Alors pourquoi laisser apparaître son irritation dans des petites phrases corrosives à l'encontre de la presse ? Parce qu'en réalité, il subit une offense et ne parvient pas à l'intérioriser. Trop primaire peut-être, quand la loi de la jungle politique donne une prime aux secondaires. « Absence de surmoi », croit découvrir Franz-Olivier Giesbert dans une subtile séquence de la biographie du président.

C'est pourquoi sur la forme il a tort, une fois encore. En reprochant aux journalistes de ne rien lui pardonner, il s'assurait de leur intransigeance à venir.

Elle se fera grandissante dans la comparaison avec Barack Obama. Les faits et gestes du président américain seront toujours glorifiés par les médias français. Qu'il obtienne à grand-peine la mise en place d'une couverture de santé minimale quand il avait promis une assurance universelle, qu'il perde la majorité à la chambre des représentants deux ans après son élection, qu'il s'incline devant le lobby de Wall Street dont sont issus plusieurs de ses conseillers et ne réforme qu'à la marge la finance mondiale[1], qu'il ne parvienne pas à endiguer la hausse du chômage ni celle de la faramineuse dette publique, qu'il maintienne le camp de Guantanamo qu'il s'était engagé à fermer, qu'en septembre dernier il dise « non » à Mahmoud Abbas pour la reconnaissance d'un État palestinien par les Nations unies alors qu'il avait fait miroiter le contraire un an plus tôt (le 23 septembre 2010) devant la même assemblée, jamais il ne lui est fait le moindre grief. S'il faut savoir gré au *Monde* (édition du 20 septembre dernier) d'avoir relevé dans le veto de Barack Obama aux demandes palestiniennes « une volonté d'apaiser son électorat pro-israélien à quatorze mois de l'élection présidentielle », bien peu d'observateurs font de même.

Si ce n'est Jean Daniel, grande conscience journalistique de la gauche morale. Dans son éditorial de la semaine, souvent considéré comme une page de bréviaire du politiquement correct, il vitupère contre « le président américain qui a préféré trahir tout ce dont il avait rêvé plutôt que de prendre le risque d'un échec aux prochaines élections pour un

---

1. « C'est une chose de traiter les financiers de "flat cats", et de dénoncer devant le bon peuple les dérives du capitalisme financier, c'en est une autre de prendre des mesures concrètes pour rogner les pouvoirs de Wall Street », analyse Jean-Michel Quatrepoint dans son dernier livre *Mourir pour le yuan* (François Bourin éditeur) où il assure que « trois ans après la chute de Lehman Brothers, rien n'a été réglé ».

second mandat » (*Le Nouvel Observateur* du 20 septembre 2011). Cette saillie du cofondateur de l'hebdomadaire sera vécue dans la rédaction et parmi les journalistes politiques comme une déviance de plus de celui qui a déjeuné avec le diable deux ans plus tôt et ne s'en serait toujours pas remis. Invité à la table de Nicolas Sarkozy le 6 mai 2009 en compagnie de Denis Olivennes, le directeur de la publication et Jacques Julliard, le directeur délégué, il avait semblé irradié par le verbe de l'hôte au point d'en dresser un portrait laudatif dans sa livraison de la semaine. Dans les couloirs du journal, l'écart sera mis au compte du grand âge de l'octogénaire. À quatre-vingt-six ans, on peut commettre une erreur d'aiguillage… Certains chroniqueurs seront moins indulgents, à l'instar de Frédéric Bonnaud qui brocardera dans sa chronique « Politiquement incorrect » sur Europe 1 « la nouvelle prise de Sarkozy »… Daniel Cohen déplorera aussi dans *Marianne 2* l'arrivée de Jean Daniel parmi les victimes de « l'ouverture à gauche ». Qui fait une entorse à l'anti-sarkozysme est vite excommunié. La polémique sur l'allégeance de la direction du magazine connaîtra son point d'orgue deux mois plus tard après la longue interview du chef de l'État publiée le 2 juillet dans ses colonnes. Craignant « une dérive sarkophile », la société des rédacteurs demandera des comptes à la direction, arguant d'un entretien réalisé par les seuls Michel Labro, directeur de la rédaction, et

Denis Olivennes, ami de Carla… Les ventes du numéro ont explosé, la grogne s'est estompée.

Loin de susciter les mêmes réticences, Barack Obama est en permanence choyé des médias. À bon escient souvent, comme après son magistral discours du Caire prononcé le 4 juin 2009 en forme de réconciliation avec le monde musulman. Ce fut à l'évidence un très grand moment. Et la preuve, si besoin était, de son immense talent oratoire. Ce qui ne devrait pas interdire tout discernement. Or chroniqueurs, reporters, envoyés spéciaux, tous semblent tétanisés devant l'aura du leader démocrate. Et préfèrent s'aligner sur les bonnes notes que lui décernent les socialistes français pour vanter son bilan. Pour répéter par exemple ce que Martine Aubry et Ségolène Royal diront toutes deux lors d'un débat précédant les primaires du Parti socialiste. À savoir qu'elles s'inspireraient, en cas de victoire à la présidentielle, de ce que Barack Obama a eu « le courage » de faire chez l'Oncle Sam : distinguer les activités des banques de dépôt de celles des banques d'investissement. Les animateurs ne bronchent pas, tout à leur fascination devant l'exercice inédit de démocratie que les candidats font vivre au pays ! Et pourtant… La presse américaine a su lui reprocher en son temps d'avoir failli dans ce domaine. Interviewé par le *New York Times* en juillet 2010 juste après l'adoption de la réforme financière, le sénateur démocrate Russ Feingold reprochera à son « ami » président d'avoir défendu un texte qui « ne fait rien du tout pour rétablir le pare-feu entre les banques de dépôt et les banques d'investissement ». Sa frilosité face aux puissances de l'argent n'avait pas non plus échappé à la rédaction de l'*Expansion*. En janvier 2010, le mensuel prisé des décideurs s'était fait fort de décrypter l'énorme projet de loi (quelque 2 000 pages) alors en préparation et pas encore mis en œuvre, et de réprouver « les sept reculades de la réforme financière d'Obama ». Ce seul exemple atteste du large fossé qui sépare la presse économique française et la presse politique. La première dont les journalistes sont plus proches des contingences de la production, privilégie l'information tangible au commentaire plus éthéré. La seconde qui, à force de fréquenter le pouvoir, croit en détenir une parcelle, veut peser dans le débat et « s'arrange » de fait avec les réalités. Ainsi les revers du président américain ne seraient que les fruits empoisonnés légués par George W. Bush et ses héritiers. L'homme le plus puissant du monde à la compétence incontestée n'avait en réalité qu'une piètre marge de manœuvre face à l'obstruction abusive de ses adversaires républicains ! De ses hésitations et son refus de trancher dans le vif il ne saurait être question. Jamais Nicolas Sarkozy ne bénéficiera d'une telle mansuétude. Ses échecs seront forcément l'unique et calamiteux résultat de ses propres manquements. Et, *nolens volens,* de sa non-conformité aux codes de la bien-pensance.

On le verra dans le décryptage de leur discours respectif sur l'Afrique. Prononcé à Dakar le 26 juillet 2007, celui de Nicolas Sarkozy est marqué au fer rouge sur la liste des ratages de son quinquennat. Au même rang que la nuit du Fouquet's ou le discours de Grenoble sur les Roms. S'il suscite peu de réactions immédiates dans une France somnolente sous le soleil estival et l'état de grâce postélectoral, il surprend l'auditoire. Étudiants, chercheurs, enseignants et personnalités politiques sont réunis dans le grand amphithéâtre de l'université Cheikh-Anta-Diop de la capitale sénégalaise pour écouter la bonne parole... On a répété cent fois celles qui ont fait mouche. Car malgré des mots très forts pour condamner la traite négrière et l'esclavage – « un crime contre l'humanité tout entière » –, Nicolas Sarkozy soutient que « l'homme africain n'est pas assez entré dans l'Histoire ». Prenant à témoin « un paysan africain » mythifié, qui, aveugle au progrès, vivrait de la même façon depuis des millénaires... Pire peut-être pour les gardiens de l'antiracisme, il refuse « la repentance pour le crime », et relativise « la faute » – « le colonisateur a pris mais je veux dire avec respect qu'il a aussi donné » – réanimant à leurs yeux l'article de loi (abrogé en 2005) sur le « rôle positif de la colonisation ».

Comme le rapporte toutefois Élise Colette dans l'hebdomadaire *Jeune Afrique* du 5 août, si « les applaudissements sont timorés et sans enthousiasme », il n'y a « pas de manifestation de colère, ni de satisfaction ». Selon la reporter c'est plutôt « l'incrédulité qui domine » dans la salle après le discours de Nicolas Sarkozy. Seules quelques voix d'intellectuels vont s'élever dans les travées. « Un écrivain s'offusque de la vision eurocentrée, presque raciste, que le président français a de l'Afrique et des Africains », tandis qu'Alpha Oumar Konaré, président de la Commission de l'Union africaine, estime que « le chef de l'État français a besoin de mieux connaître l'Afrique ». Dès le 1ᵉʳ août, Achille Mbembe, professeur d'histoire et de sciences politiques à Johannesburg, conclut du propos que « l'armature intellectuelle qui sous-tend la politique africaine de la France date littéralement de la fin du XIXᵉ siècle ». La presse sénégalaise reprendra ces critiques : « Quelle injure ! Le paysan africain serait-il dépourvu de raison au point de s'enfermer dans un mimétisme bestial ? » C'est ce qu'on peut lire dans un article de *Sud Quotidien* rapporté par *Rue 89*…

La polémique ne se propage pas encore dans la France en vacances. Cela d'autant que certains leaders du continent, comme Thabo Mbeki, alors président de l'Afrique du Sud, y voient un heureux présage. Dans *Le Monde* du 28 juillet, Philippe Bernard et Christophe Jakubyszyn notent que

« Nicolas Sarkozy appelle l'Afrique à renaître et à s'élancer vers l'avenir ». Le site du quotidien *lemonde.fr* ne flaire pas non plus de relent raciste dans le discours présidentiel, préférant retenir « l'appel à un nouveau partenariat franco-africain ». Mais *Libération* veille et publie quelques jours plus tard une virulente tribune de six écrivains africains. « Quand vous dites que l'homme africain n'est pas assez entré dans l'histoire, vous avez tort. Nous étions au cœur de l'histoire quand l'esclavage a changé la face du monde », s'indignent les signataires, membres du collectif qui publiera quelques mois plus tard un petit ouvrage[1] contrant point par point l'intervention du président français. La controverse va prendre forme avec la sortie simultanée en février 2008 du livre[2] de l'écrivaine malienne Aminata Traoré, militante alter-mondialiste et ancienne ministre de la Culture du président Konaré que les dirigeants de *Libération* inviteront à leur Forum de Grenoble…

Tous les ingrédients d'une savoureuse querelle d'intellectuels sont dans la cuisine microcosmique. Bernard-Henri Lévy l'investit à l'occasion de la

---

1. *L'Afrique répond à Nicolas Sarkozy. Contre le discours de Dakar,* par un collectif sous la direction de Makhily Gassama, ancien conseiller du président sénégalais Léopold Sedar Senghor, Éditions Philippe Rey, 2008.
2. *L'Afrique humiliée,* par Aminata Traoré, Fayard.

tournée promotionnelle de son dernier ouvrage[1] à l'automne 2007. Invité dans le 7-10 de France Inter où Nicolas Demorand, futur patron de *Libération*, aime confesser les détracteurs du chef de l'État, il s'en prend violemment à Henri Guaino, conseiller de Nicolas Sarkozy, qu'il traite de « raciste ». En cause, le discours « ignoble » de Dakar que « la plume » du président assume avoir écrit de pied en cap. Furieux, celui qui fut un proche de Philippe Séguin et revendique un « gaullisme social » taxe BHL de « petit con prétentieux ». Les militants antiracistes[2] et les associations communautaires, bien relayés dans une presse en attente de critiques peu amènes contre Nicolas Sarkozy, se joignent volontiers au philosophe des beaux quartiers pour combattre à ses côtés le petit paragraphe litigieux. Les grondements vont retentir longtemps sur ce thème avant d'atteindre leur paroxysme lorsque Ségolène Royal, toujours prompte à surfer sur le différend du moment pour se faire mousser, ira à Dakar le 6 avril 2009 où elle demandera « pardon » au peuple africain « pour les paroles humiliantes qui n'auraient jamais dû être prononcées et qui n'engagent pas la France »…

---

1. *Ce grand cadavre à la renverse* par Bernard-Henri Lévy, Grasset, octobre 2007.

2. Le Cran (Conseil représentatif des associations noires), et le Mrap (Mouvement contre le racisme et pour l'amitié entre les peuples) dénoncent en chœur un discours « qui rassemble des clichés racistes qui introduisent l'homme noir comme un sous-homme ».

Las, les excuses de l'ex-madone des sondages n'auront pas le retentissement escompté sur le sol français. Revenue dans la campagne de Poitou-Charentes, elle fait sourire dans les états-majors des partis de tous bords. La « gêne » exprimée en octobre 2010 par Rama Yade ne va pas davantage retentir au-delà du cercle restreint des alchimistes hexagonaux de la petite phrase. « Pour moi, l'homme africain est le premier à être entré dans l'histoire », s'est exclamée la rebelle au micro de RFI. Bien qu'en charge des Sports après son éviction du secrétariat aux Droits de l'Homme depuis plus d'un an, elle est toujours invitée à s'exprimer sur… ce qui la froisse dans les propos du chef de l'État. Avec l'Afrique, c'est bingo assuré. Et dans le cas précis, super Bingo puisqu'elle est née à Dakar ! Sublime icône des minorités visibles – « J'incarne tout ce que les hommes politiques ne sont pas : une femme, jeune, noire et musulmane », avait-elle fait valoir (*Le Monde* du 2 mars 2007) avant d'intégrer la première équipe de François Fillon –, elle jouit depuis, à l'instar du footballer Lilian Thuram, d'une incomparable légitimité pour plaider la cause des Noirs au moindre impair du chef de l'État. Puisqu'elle « ne peut pas sauter sur la tribune et gifler le président de la République » (*sic*), alors elle parle aux médias pour « prendre ses distances » avec lui. Elle obtiendra gain de cause et sera définitivement éloignée du gouvernement deux semaines plus tard ! Une disgrâce qui lui vaut de grimper tout en haut du hit-parade des meilleurs « anti-Sarko », soit un gage d'avenir médiatique.

Loin d'être un détail dans l'histoire du quinquennat de Nicolas Sarkozy, le long grabuge autour de sa séquence sénégalaise est un épisode ô combien révélateur de cette entente permanente entre élites intellectuelles et presse bien-pensante pour déprécier son « règne ».

Car non seulement aucun œil ne s'est ouvert pour relire avec un autre prisme le damné discours de Dakar, mais toutes les voix se sont unies pour glorifier celui prononcé le 11 juillet 2009 par Barack Obama à Accra. Non pas qu'il ait accompli le moindre faux pas. Mais il a dit, peu ou prou, la même chose que Nicolas Sarkozy, le petit paragraphe sur l'histoire en moins... Pierre philosophale de son propos, le « *yes you can* » du président américain est-il si différent des assertions qui ponctuent celui du président français, et en particulier la fin ? Qu'on en juge. « Vous voulez la démocratie, vous voulez la liberté, vous voulez la justice, vous voulez le droit ? C'est à vous d'en décider. [...] Vous voulez que cessent l'arbitraire, la corruption, la violence ? Si vous le voulez, la France sera à vos côtés pour l'exiger mais personne ne le voudra à votre place. [...] Vous voulez la paix sur le continent africain ? Vous voulez l'unité africaine ? C'est à vous, mes amis africains, de le décider. Et si vous le décidez, la France, comme une amie indéfectible, vous aidera, mais la France ne peut pas vouloir à la place de la jeunesse d'Afrique. »

Le premier, et presque le seul à décrypter ces similitudes, fut Patrick Lozès, le président du CRAN (Conseil représentatif des Associations noires de France)... À telle enseigne que *Le Nouvel Observateur* reprendra quelques passages de son blog. Citant des extraits de la déclaration de Barack Obama [1], où il exhorte les Africains à prendre en mains leur destin, à cesser d'incriminer le colonialisme pour s'exonérer de leurs difficultés, il affirme que « le couplet sur l'homme africain et l'histoire mis à part, ce discours rappelle étrangement par son ton et par ses mots, celui prononcé par Nicolas Sarkozy à Dakar ». Avant de s'étonner : « Et pourtant, et pourtant, quelle différence entre l'accueil

---

1. Il est « facile de montrer les autres du doigt, de rejeter la faute sur les autres... L'Occident n'est pas responsable de la destruction de l'économie zimbabwéenne au cours de la dernière décennie, ou encore des guerres où on enrôle les enfants dans les rangs des combattants... Vous avez le pouvoir de demander des comptes à vos dirigeants, de construire des institutions pour servir le peuple. Vous pouvez vaincre la maladie, mettre fin aux conflits, changer fondamentalement les choses. Vous pouvez faire ça... Oui, vous le pouvez – *Yes, you can.* Mais cela n'est possible que si, vous tous, vous assumez la responsabilité de votre avenir... C'est le changement qui peut déverrouiller les potentialités de l'Afrique... C'est une responsabilité dont seuls les Africains peuvent s'acquitter... Le développement dépend de la bonne gouvernance. C'est un ingrédient qui a fait défaut pendant beaucoup trop longtemps, dans beaucoup trop d'endroits... Le monde sera ce que vous en ferez... »

réservé au discours de Dakar et l'accueil triomphal réservé au discours d'Accra ! » Une différence que juge « injustifiée » le candidat putatif à la présidentielle française – Patrick Lozès s'est déclaré le 22 septembre dernier sous la bannière de « l'unité nationale », avant de tomber sous le coup d'une enquête préliminaire pour abus de confiance et blanchiment.

Novatrice et argumentée, son exégèse n'a pas fait ciller les commentateurs de l'actualité. Ce qui s'explique aisément. La faute de Nicolas Sarkozy n'incombe pas au contenu de son propos mais à son contenant : l'orateur. Mis en examen pour racisme par le tribunal de la bien-pensance depuis sa regrettable menace de nettoyer la cité de La Courneuve « au Kärcher[1] », il était pré-condamné avant de parler. Interdit de tout propos susceptible de laisser transparaître sa brutalité. Honni des « droitdelhommistes » comme peut l'être un « petit blanc » vulgaire et arrogant. Peu flatteur, l'habit a fait le coupable, sans que l'on prête attention à l'honorable teneur de son verbe. Ne pâtissant à l'inverse d'aucune faute de goût, admirablement taillé pour l'auditoire de la capitale du Ghana, le costume de Barack Obama a glorifié son discours avant qu'il ne soit prononcé. Venir en terre

---

1. La phrase avait été prononcée à la « Cité des 4000 » en juin 2005 où Nicolas Sarkozy, alors ministre de l'Intérieur, s'était rendu après le décès d'un enfant victime de deux balles perdues.

africaine quand on est fils d'un Kenyan et président démocrate des États-Unis constitue plus qu'un atout. La couleur de sa peau et son propre vécu en font seuls une prouesse d'envergure mondiale. Un geste de reconnaissance de l'enfant du pays qui mérite les honneurs. Fraîchement élu quand il est venu à Dakar, Nicolas Sarkozy pouvait espérer un passage en grâce. Pour une phrase malhabile, il fut ramené à son péché originel : un petit bourgeois de Neuilly. La presse ne l'avait pas oublié. En revanche, peu d'échos, hormis dans *Le Figaro* (17 décembre 2008), cantonné une fois de plus dans son rôle de thuriféraire de la gestuelle présidentielle, ont signalé la troisième place du chef de l'État dans le classement Forbes des personnalités de l'année derrière Barack Obama, fraîchement élu, et Henry Paulson, alors secrétaire d'État au Trésor et auteur du plan de sauvetage des banques. Que l'hebdomadaire américain ait choisi de donner la parole à Tony Blair pour dresser un bilan dithyrambique de son action, n'est pas étranger à ce silence médiatique français. Depuis son départ du 10, Downing Street sur fond de procès en thatchérisme par certains travaillistes, l'ex-Premier ministre britannique n'est plus en cour – à supposer qu'il le fût vraiment un jour – dans les hautes sphères de la gauche française. Sa venue au Conseil national de l'UMP début 2008 a même scellé le clivage idéologique entre le blairisme, assimilé à la « troisième voie » de Michel Rocard, et le

« réformisme de gauche » que lui préférait Lionel Jospin. *Le Monde* du 12 janvier évoque à cette occasion « une incompatibilité persistante entre le PS et les travaillistes ». Transgressant allègrement ces nuances, Ségolène Royal subit longtemps de vives remontrances. Ses adversaires du PS ne lui pardonnaient pas d'avoir rendu hommage à certains choix de Tony Blair dans le *Financial Times* du 2 janvier 2006. Ce qui n'empêchera pas les militants de la désigner en novembre comme la meilleure candidate pour battre Nicolas Sarkozy…

Aujourd'hui, l'étoile de Barack Obama a pâli aux États-Unis. Tombée au-dessous des 40 % (à 39 %) en août dernier, selon un sondage Gallup, sa cote de popularité brille toujours de ce côté-ci de l'Atlantique où, à 35 % d'opinions favorables, le président français est promis depuis longtemps à la défaite en 2012. Le candidat du PS à la présidentielle sera donc bien inspiré de se référer au locataire de la Maison Blanche. Son modèle se porte en France comme un brevet de bonne gouvernance. Et de capacité à vaincre le président sortant le 6 mai prochain… À moins que l'interview commune des deux présidents sur TF1 au soir du G20 de Cannes n'ait troublé son image sans restaurer celle de Nicolas Sarkozy !

Chapitre 8

AU BONHEUR DES ANTI-SARKO

Parce qu'elle a fait du président élu au suffrage universel un puissant monarque, l'histoire de la Ve République est pavée de rivalités entre les prétendants. Certaines compétitions furent même d'une incroyable férocité. Les anciens se souviennent encore de « l'Appel des 43 » lancé par Jacques Chirac en 1974 pour torpiller la candidature de Jacques Chaban-Delmas, pourtant gaulliste comme lui, et favoriser celle de Valéry Giscard d'Estaing, républicain indépendant, dont il deviendra le Premier ministre... pour deux ans, avant de claquer la porte et d'affirmer ses propres ambitions. Signé par trente-neuf parlementaires et quatre ministres, et présenté comme une simple mise en garde devant les dangers d'une multiplicité des candidatures à droite, le manifeste est vite apparu comme une manœuvre politicienne. Alors qu'il se réclamait d'un gaullisme pur et dur, le jeune baronnet du mouvement prénommé Jacques Chirac n'avait pas hésité à trahir par calcul électoral un héritier historique du Général…

Les temps ont changé, mais pas les hommes. Personne ne peut jurer que certains ténors de la majorité présidentielle actuelle n'aient pas rêvé de se lancer dans la course pour 2012. Surtout depuis que la cote de popularité calamiteuse de Nicolas Sarkozy paraît plomber ses chances de l'emporter une seconde fois. Ils y songent d'autant plus qu'un échec à l'élection majeure de notre vie démocratique risquerait de les entraîner dans la déroute de leur camp. Pourtant, devant la détermination du « sortant », les prétendants restent muets. Certains ont déjà pris date pour 2017, tout haut comme le patron de l'UMP Jean-François Copé ou, de manière plus ténue, la ministre de l'Environnement Nathalie Kosciusko-Morizet. Mais rien de fracassant pour la prochaine échéance après le pathétique renoncement de Jean-Louis Borloo le 2 octobre. Aucune alternative crédible au président sortant ne s'est fait jour. Alors la presse est entrée dans la course, à l'affût de petites confidences qui viendraient briser cette omerta. Le silence est trop assourdissant et l'oxymore fait peser un doute sur le bon fonctionnement de nos institutions… Des soupçons affleurent çà et là sur les « pressions » que subiraient les éventuels va-t-en guerre. S'inspirant de Socrate et de sa maïeutique pratiquée en public pour accoucher les esprits, les journalistes politiques vont rivaliser d'interviews pointues pour décrypter les désirs les plus profonds de tous ces taiseux. Un peu comme s'il n'était plus de mise de se comporter en simples témoins de la vie politique et qu'il convenait au contraire d'en devenir des agents à part entière.

Depuis l'été, le plus convoité des éventuels recours en cas de défaillance de Nicolas Sarkozy fut à l'évidence Alain Juppé. Auréolé d'une nouvelle gloire depuis son retour au Quai d'Orsay en février dernier, le maire de Bordeaux serait paré de toutes les vertus requises pour conduire l'UMP à l'impossible victoire. Discret, réservé, réfléchi, plutôt au troisième degré qu'au premier, respectueux des codes en place, il pourrait devenir selon nombre d'observateurs désireux de le voir défaire le chef de l'État, un parfait « anti-Sarkozy ». Soit la meilleure panoplie pour gagner ! Tout peut laisser croire qu'il y pense, et pas seulement en se rasant, puisque dès juin 2008, fraîchement réélu dans « sa » ville, il assure dans une interview au *Nouvel Observateur* qu'il n'est « fermé à rien » en vue de la présidentielle de 2012. Il le redira un an plus tard, toujours avec des « si » devant Le Grand Jury RTL/Le Figaro/LCI. « S'il arrivait, pour des raisons qui lui appartiennent, qu'il ne soit pas à nouveau candidat... Je n'exclus pas à ce moment-là d'être candidat à la candidature. » Seulement voilà. Le ministre des Affaires étrangères brille à son poste, certes, mais il travaille main dans la main avec le président. Ce qui crée un lien… Même en privé, il avoue « admirer son énergie et sa force de conviction ». Alors plus question de se pousser du coude pour tenter de le doubler. Comme l'écrit Anna Cabana dans un portrait[1] jubilatoire publié à point nommé, « Juppé est un orgueilleux… L'orgueilleux est entravé par la hantise d'abîmer l'image qu'il se fait de lui-même ».

Fini les petites allusions sur ses tentations de présidentiable. Le fils préféré de Jacques Chirac ne supporterait pas de tomber au champ du déshonneur. Déloyal, moi ? Jamais ! Inutile d'attendre une déclaration intempestive. Déçus, les médias le sollicitent. Au moment où les sondages le placent devant Nicolas Sarkozy[2] pour 2012, il en devient une incontournable vedette. Invité le 29 septembre de l'émission *Des paroles et des actes* diffusée en *prime time* sur France 2, Alain Juppé devra ruser pour échapper à l'insistance de David Pujadas et Hélène Jouan (France Inter). Les deux animateurs reviendront plusieurs fois à la charge pour lui

---

1. *Juppé, l'orgueil et la vengeance*, par Anna Cabana, Flammarion, 2011.

2. Dans un sondage Viavoce publié dans *Libération* du lundi 3 octobre, 26 % des Français le désignent comme le meilleur candidat de droite à la présidentielle devant Nicolas Sarkozy à 21 %.

arracher l'aveu. Las… Le scoop espéré ne viendra pas. Une cure de silence suivra.

La presse est quelque peu désemparée. À quoi bon sortir les couteaux pour laminer Nicolas Sarkozy ? Il le fait si bien lui-même… « Il est à terre le nain », comme s'en délecte Dominique de Villepin. C'est si bon de voir à cet instant – et hors micro – son interviewer partager son plaisir. Reste juste à dissuader le président de briguer un nouveau mandat. L'entreprise journalistique a commencé très tôt. « Et si ce n'était pas lui ? », avait déjà lancé *Libération* à sa Une le 1er mars dernier, reprenant en négatif la formule du *Nouvel Observateur*[1] qui avait si bien réussi à Ségolène Royal, imposant la toute nouvelle présidente de Poitou-Charentes comme présidentiable… nationale.

Loin d'être soutenu, valorisé, flatté, comme elle le fut avant la primaire du Parti socialiste, Nicolas Sarkozy « candidat » putatif à sa propre succession aura subi les assauts de médias hostiles depuis ses premiers pas de président. « A-t-il déjà perdu ? », s'interroge en Une *Le Point* (26 août 2010). Comme toujours, les baromètres de popularité, au plus bas, sont là pour étayer les prédictions.

---

1. Le 15 novembre 2005, *Le Nouvel Observateur* met le visage de Ségolène Royal en couverture, avec ce titre : « Élysée 2007 : Et si c'était elle ? ».

On est dans l'été meurtrier du quinquennat. Les élections régionales de mars ont balayé la droite parlementaire. C'est son plus mauvais score sous la Ve République, tous scrutins confondus. En métropole, seule l'Alsace reste dans la majorité… Le rejet de Nicolas Sarkozy est sur toutes les lèvres des politologues qui décortiquent les résultats. Son discours de Grenoble du 30 juillet 2010, où il stigmatise les Roms et suggère de retirer la nationalité française aux délinquants d'origine étrangère, lui revient comme un boomerang. Il voulait s'imposer de nouveau sur le créneau sécurité après une série de violences dans la capitale dauphinoise et à Saint-Aignan (Loir-et-Cher) ? Avec ses propos « extrêmement musclés » (France Info, le jour même), c'est raté. La presse hostile boit du petit-lait. *Marianne* saisit l'occasion pour sortir le 7 août sa Une la plus assassine du quinquennat : « Le voyou de la République ». On expliquera plus tard que la proposition malheureuse avait été rédigée par Maxime Tandonnet, jeune conseiller immigration de l'Élysée et coauteur du discours. « C'est quand même lui qui l'a prononcée », vont aussitôt s'indigner nombre de journalistes avant d'apprendre que c'est son ex-chef de cabinet, Cédric Goubet, qui a jugé important de rajouter les deux petites phrases meurtrières… Après relecture, l'hôte de l'Élysée aurait pourtant trouvé l'ensemble « excellent ». Juste à point pour « gêner les socialistes ». L'opposition ne sera pas toute seule à tirer la sonnette d'alarme. Après ce « dérapage » fatal (*Libération* du 1er août), tous sont persuadés qu'à cet étage des enfers, il ne pourra plus remonter. Dans son édition du 16 septembre, *Le Monde* assure que Nicolas Sarkozy fait « honte » à la France sur la scène internationale. Le mot a été prononcé par Viviane Reding, la commissaire européenne à la Justice, après les digressions sur les Roms… Un haut-commissaire de l'ONU juge aussi « préoccupante » la « nouvelle politique du gouvernement français ». Une infamie pour les patriotes de tout poil. Beaucoup sont de droite… Un grand « Pathétique » barre la Une de *Marianne* le 25 septembre. L'hebdomadaire réitère dans la surenchère. Pourquoi se priver de titres qui attirent le chaland devant les kiosques ? En pages intérieures, Jean-François Kahn affirme que « la France devient la risée du monde ». Désastreux mais vendeur. « Cet homme est-il dangereux ? », renchérit *Le Nouvel Observateur* (9 septembre). Qui a du grain à moudre. Avant d'être votée en novembre 2010, la réforme des retraites a bousculé salariés et syndicats pendant des mois, l'affaire Bettencourt bat son plein, celle de Karachi resurgit. Et comme pour prolonger la mauvaise série, le remaniement ministériel annoncé depuis les élections régionales joue l'arlésienne. Quand enfin il viendra le 14 novembre, c'est forcément la déception. Le lâchage de Jean-Louis Borloo, promis à Matignon, sera propice à un nouveau lynchage du président.

« Fillon garde Sarkozy », rigole *Libération* le lende-main, qui détecte l'aveu de faiblesse dans ce qui devait être une manifestation de force. « Remanie-ment : tout ça pour ça ? » va relever *VSD* (18 novembre) alors que quatre reporters du *Point*[1] raillent avec moult détails « la comédie du pouvoir », et son cortège de « coups bas, cour-bettes et boules puantes ». Craignant d'en faire un concurrent s'il ne le reconduisait dans ses fonc-tions, le chef de l'État se serait vu contraint de garder son Premier ministre. Rien de pire pour un président qui veut conforter son autorité. L'opéra-tion de reconquête a du plomb dans l'aile…

Après avoir été cloué au pilori, Nicolas Sarkozy espère rebondir. En changeant son comportement peut-être, en multipliant les déplacements en province, sans doute, en se montrant actif sur la scène internationale, possible, en anéantissant ceux qui peuvent lui nuire à l'intérieur du pays, assurément.

La liste est toute prête. Elle figure au bas de « l'Appel du 14 février pour une vigilance républi-caine » publié par *Marianne* et que signent dix-sept personnalités[2]. À quelques jours des élections

---

1. Anna Cabana, Hervé Gattegno, Saïd Mahrane et Sylvie Pierre-Brossolette.

2. Dominique de Villepin, Ségolène Royal, François Bayrou, Jean-Pierre Chevènement, Corinne Lepage, Nicolas Dupont-Aignan, Bertrand Delanoë, Maurice Leroy, Noël Mamère,

municipales de 2008, le texte veut mettre en garde les citoyens contre une « rupture », déclinée sur huit thèmes, qui mettrait la République en danger. Si l'hebdomadaire prend le soin de préciser que les soussignés se réclament de « sensibilités très diverses », ce qui est vrai, ils ont au moins un point en commun : un anti-sarkozysme farouche. À l'exception de Pierre Lefranc, ancien chef de cabinet du général de Gaulle, et Jean-Paul Bled, président des Cercles universitaires d'études et de recherche gaulliennes, tous deux extérieurs au champ politique et sollicités ès qualités, les quinze autres défenseurs de nos valeurs républicaines vont devenir les interlocuteurs fétiches des médias friands de leurs petites phrases assassines contre le chef de l'État. Ils ne seront pas les seuls, bien sûr, mais leur particularité est de ne pas exercer de rôle de premier rang dans l'opposition ou la majorité. L'Appel de *Marianne* va leur offrir sur le plateau doré des « anti-Sarko ». Écartés des sunlights après leur échec, les deux perdants majeurs de la présidentielle, Ségolène Royal et François Bayrou, y retrouveront vite leur place. Sur l'air de « la France qui n'en peut plus de la politique de Nicolas Sarkozy », la présidente de Poitou-Charentes

---

Marielle de Sarnez, Jean-Christophe Lagarde, André Gerin, Arnaud Montebourg, Jacqueline Gourdault, Jean-Pierre Brard, Pierre Lefranc et Jean-Paul Bled.

restera de ce fait une « chouchoute » des médias nationaux.

En revendiquant à maintes reprises le titre de « meilleur opposant » au président, le patron esseulé du Modem échappera à la cure de silence que les médias auraient dû normalement lui imposer après son échec. Quand il sortira fin avril 2009 un livre[1] en forme d'offensive contre Nicolas Sarkozy, François Bayrou sera le soir même l'invité de David Pujadas sur France 2. Les mots cinglants de l'agrégé de lettres sifflent à la télévision comme sur ses pages. « Le système Sarkozy est un système qui sert les puissants… La France est aux mains d'un clan, celui de l'argent… L'actuel locataire de l'Élysée en est le parrain… Leur but : instaurer une société des inégalités croissantes. » Il serait donc « urgent » de « sauver la République ». Justement. Le « sauveur », ce serait lui, chevalier blanc monté sur son pur-sang ! À sept semaines des élections européennes, le député des Pyrénées-Atlantiques n'aura aucun mal à faire la promotion de son écrit. *Le Monde* le compare à Mitterrand et *L'Express* le présente à sa Une du 16 avril comme « l'homme qui défie Sarkozy ». La gloire est de retour. Mais le Modem s'effondrera à 8,4 % lors du scrutin de juin, largement devancé par la liste d'« Europe-Écologie-Les Verts » (à 16,28 %) conduite avec brio par Daniel Cohn-Bendit, son meilleur

---

1. *Abus de pouvoir*, par François Bayrou, Plon, 2009.

« nouvel ennemi »... Les électeurs sont restés insensibles à l'emphase médiatique.

Nul doute que le signataire de « l'Appel des 17 » le plus virulent, le plus haut en couleur, et donc le plus affectionné par la presse, s'appelle Dominique de Villepin. Sans tribune politique réelle, jusqu'à la création, en juin 2010, de République Solidaire, son propre parti, il sait pouvoir mobiliser la presse avec sa haine affichée de Nicolas Sarkozy. Leur affrontement dans le procès Clearstream sera un menu gastronomique que les journalistes viendront déguster dans une invraisemblable cohue. Mais le duel en public ne suffit pas à la faire grimper dans le peloton de tête des présidentiables. L'ancien Premier ministre de Jacques Chirac rêve lui aussi d'une OPA sur le front anti-sarkozyste. Lui aussi se verrait bien en « chevalier blanc », seulement dévoué à servir la France dans l'honneur. Il suffirait, pense-t-il, de rallier à son beau panache gris les derniers hérauts du gaullisme, le centre et la gauche réformiste. Enfin il ferait rendre gorge à celui qui voulait « le pendre à un croc de boucher ». Comme si, lui, « le nain », avait la taille pour accomplir sa basse besogne ? Dominique de Villepin ne prononce jamais le mot « nain » lorsqu'il est en « on ». Mais tous les journalistes politiques l'ont entendu, « en off », un jour dans sa bouche. Juste pour conclure d'un sourire carnassier une de ses interminables envolées lyriques dont il a le secret.

Elle peut vous être livrée au coin d'une rue derrière le Sénat, un beau matin ensoleillé, son fils poireautant derrière lui en attendant que ses grands bras cessent d'agiter l'air et sa voix déclamatoire d'intriguer le passant… Comme François Bayrou, Dominique de Villepin est convaincu de pouvoir confirmer sa supériorité par l'écriture où il excelle. Il va publier en 2009 son premier ouvrage purement politique [1]. « Il est urgent de renoncer aux folies qui nous ont menés à l'abîme… Nous trions les décombres d'un monde en train de s'écrouler. » Le fond est fumeux, le style trop littéraire. Pas de quoi séduire un électorat. Ni les médias. L'écrivain retient la leçon. Pour leur plaire, mieux vaut donner dans l'anti-sarkozysme. Il fera très fort avec *De l'esprit de cour* [2] qui sortira début novembre 2010 en librairie et lui assurera par sa virulence un immense retentissement. Cela en dépit de ses attaques contre la presse écrite française qui ne serait que « de la pâtée pour chiens »… Pas susceptible, *L'Express* en publie les bonnes feuilles… Il accuse le président de la République d'avoir dévalorisé la fonction présidentielle. Le Fouquet's, l'affaire Bettencourt, l'affaire Jean Sarkozy, le remaniement, l'hypermédiatisation, tout y passe. Un

---

1. *La Cité des hommes,* par Dominique de Villepin, Plon, 2009.
2. *De l'esprit de cour, la malédiction française,* par Dominique de Villepin, Perrin, 2010.

« must » ! On l'entend partout. Invité du « Grand rendez-vous Europe 1 – *Le Parisien* » le dimanche 7 novembre, il frappe de grands coups. « Sarkozy est un des problèmes de la France... » La phrase fait plusieurs Unes du lundi matin. L'intronisation du « meilleur anti-sarkozyste » semble approcher. Espoir passager. Marie-Anne Montchamp, l'une de ses proches et porte-parole de République Solidaire, entre au gouvernement. Une jolie pioche pour Nicolas Sarkozy qui sait l'ouverture plus payante quand elle opère dans son propre camp. « Méfie-toi de tes amis »... Après Georges Tron, même si le très villepiniste secrétaire d'État à la Fonction publique s'est vite pris les pieds dans une affaire de réflexologie, le coup est dur... Se disant « toujours prêt à bousculer le jeu politique » dans la perspective de 2012, Dominique de Villepin lâchera son parti en plein vol le 19 septembre 2011. *Fluctuat nec mergitur*, il continue de laisser planer le doute sur sa candidature. Il persiste avec un parti croupion, aucun soutien de poids pour l'épauler dans son combat, des incertitudes sur l'obtention des cinq cents signatures requises pour se présenter, un programme jusqu'ici limité à la lutte contre l'oppression du pouvoir sarkozien, et le risque de ne pas atteindre les 5 % des suffrages qui permettent d'être remboursé des frais de campagne. Peu porté sur le porte à porte et les courbettes à tous ces « connards », rétif aux exigences du suffrage universel, il préférerait le plébiscite, mieux adapté pour celui qui s'estime au-dessus de la mêlée ! Qu'il ait encore une partie des médias pour le relayer ne fait aucun doute. Surtout s'il jalonne sa route de piques contre le candidat de l'UMP. Mais pour un triomphe à une élection démocratique, c'est une autre affaire ! Même si le duel final du 6 mai se termine entre pro et anti Sarkozy, les journalistes se tourneront davantage vers le candidat du Parti socialiste pour se fournir en missiles contre le chef de l'État. Car le combattant contre le sortant s'appelle François Hollande, qui a fait plus de chemin en terre électorale. À sa différence, l'ex-patron du Parti socialiste possède l'arsenal indispensable pour mener un combat politique contre la droite, et chasser l'homme qui la représente au pouvoir. Dès son intronisation le 22 octobre, le député de Corrèze a pris toute la lumière des médias. À moins d'apparaître comme son allié objectif capable de l'aider à faire battre Nicolas Sarkozy, Dominique de Villepin sera condamné à l'isolement dans sa République solitaire… Comment susciter encore la curiosité de la presse ? Le travail est herculéen pour ses derniers hussards. Héritier embarrassé de la gouverne de République Solidaire, le député de l'Hérault Jean-Pierre Grand n'est plus le chouchou de la Salle des quatre colonnes de l'Assemblée nationale comme l'étaient avec lui ses collègues villepinistes de l'UMP – Hervé Mariton et François Goulard en tête – au début de l'ère Sarkozy. Toutes leurs critiques, leurs réserves sur les textes de loi jusqu'à leur abstention lors du vote de la réforme des retraites, ont alimenté les commentaires sur les dissensions à l'intérieur de la majorité. Ils n'étaient qu'une poignée, mais leurs voix comptaient autant que celles des trois cents autres députés UMP ! Micros et caméras se précipitaient toujours vers eux avec gloutonnerie. Pour une raison très simple. Les salves de Jean-Marc Ayrault, patron des députés socialistes, ou celles de Noël Mamère, député Vert de Gironde, contre le président de la République, sont presque des figures imposées du ballet parlementaire des mardis et mercredis. Rien que de très normal. Mais celles d'élus de la droite étaient autrement exaltantes. Leur étalage à longueur de colonnes aura permis de montrer à l'opinion que Nicolas Sarkozy, dès le début de son quinquennat, ne tenait pas ses troupes. C'est ce qu'espéraient les rapporteurs assidus de ces bisbilles politiciennes.

De fait, l'Appel de *Marianne* est resté sans suite. Entre-temps, plusieurs plumitifs se sont mis à leur clavier pour écrire une foultitude de recueils « anti-Sarko » qui s'ajoutaient à la longue liste des publications d'intellectuels mobilisés contre le président. Tous pensaient qu'ils seraient plus efficaces pour éclairer, et influencer les lecteurs, que les articles ou leurs interviews trop éphémères. Dans ce déferlement, les quatre tomes des *Chroniques du règne de*

Nicolas I[er][1] ont atteint des sommets. Aussi savoureuses au plan littéraire qu'odieuses pour le président, elles dressent de « notre Valeureux Prince » une satire outrancière. Qui fit des émules auprès des journalistes. Certains essais furent d'une extrême violence. Comme Thomas Legrand[2], éditorialiste à France Inter et anti-Sarko affiché, selon lequel le chef de l'État « n'est rien qu'un président qui nous fait perdre du temps ». La kyrielle de « J'accuse » a presque connu en septembre dernier son apogée avec l'ouvrage de Denis Jeambar[3], un des grands de la presse française, qui adressait à Nicolas Sarkozy une lettre à l'impératif pour ni plus ni moins l'enjoindre de renoncer à sa candidature… Témoins de la bonne santé de notre démocratie, aucune de ces publications n'a souffert de véritables controverses. Loin de là… La critique fut bonne, mais les ventes forcément inégales. Preuve que les diatribes subversives plaisaient surtout dans le microcosme de la rive gauche parisienne.

Enfin, *last but not least*, une mention spéciale du jury fut accordée au second tome des mémoires[4] de Jacques Chirac. Publié en juin dernier, il a fait le bonheur des commentateurs politiques. Non pas

---

1. *Chroniques du règne de Nicolas Ier* par Patrick Rambaud, Grasset, 2008, 2009, 2010, 2011.

2. *Ce n'est rien*, par Thomas Legrand, Stock, 2010.

3. *Ne vous représentez pas* par Denis Jeambar, Flammarion, 2011.

4. *Le Temps présidentiel. Mémoires ***, par Jacques Chirac, Nil.

pour les 608 pages où l'ex-président de la République raconte, souvent de manière passionnante, l'exercice de ses deux mandats. On en fit peu de cas. En revanche les quelques lignes où il évoque, pour la première fois, ses relations avec Nicolas Sarkozy et son sentiment sur la gestion actuelle de la France, ont fait un malheur. La phrase où il décrit son successeur comme étant « nerveux, impétueux, débordant d'ambition, ne doutant de rien et surtout pas de lui-même », est reprise partout. Celle où il reconnaît « sa force de travail, son énergie, son sens tactique, ses talents médiatiques » qui font de lui, à ses yeux, « l'un des hommes politiques les plus doués de sa génération », le sera beaucoup moins. Les trois grands hebdomadaires (*L'Express*, *Le Point*, *Le Nouvel Observateur*) s'en disputent la primeur. *Le Nouvel Obs* grillera l'exclusivité négociée par *Le Point*. À l'origine de ce bon coup, Carole Barjon sera invitée sur les plateaux télévisés.

Mais c'est surtout Jacques Chirac lui-même qui sera médiatisé quand, deux jours plus tard, présent à l'inauguration d'une exposition dans le musée qui porte son nom à Sarran (Corrèze), il s'est écrié à trois reprises en prenant le président du Conseil général par les épaules : « Moi je vote Hollande. » Assailli par les journalistes, et soudain célébré pour ce qu'on interprétait comme une déclaration contre l'hôte de l'Élysée, il connut un vrai moment de bonheur. Celui que la presse aime réserver aux « anti-Sarkozy » notoires.

Chapitre 9

L'A-T-IL BIEN MÉRITÉ ?

À entendre ses détracteurs, aucun ne veut admettre le moindre excès de jugement. Les journalistes qui se sont mués en procureurs depuis son accession au pouvoir, estiment n'être que les porte-voix des déçus, des trompés, des humiliés du président de la République. Bref des citoyens tous victimes à des degrés divers de « l'erreur de casting » qui les aurait placés sous le joug de « Sarko la poisse » (*Le Nouvel Observateur* du 19 juin 2008). La liste des adeptes du « plus jamais lui » est longue, à l'exception peut-être des retraités dont la pension fut préservée. Où le président sortant pourrait-il encore aller chercher son élixir de jouvence politique propre à séduire une seconde fois les électeurs ? « Toujours est-il que, pour l'heure, le chef de l'État a déjà perdu », prédisait Franz-Olivier Giesbert dans *Le Point* du 30 juin. Avant de se reprendre

163

le 1ᵉʳ septembre. « Depuis quelques mois, il n'y a pas à tortiller : il *fait* président. Mieux vaut tard que jamais », perçoit l'éditorialiste dont le « billet » éclaire une Une insolite : « Et si c'était (encore) lui ? » Alors par quel tour de magie Nicolas Sarkozy peut-il donner raison à cette prédiction ? Il devra, en quelques mois, montrer à toutes les forces de la société qu'il a braquées contre lui que son action mérite mieux que les jugements sur son comportement. Une tâche presque impossible sans un regard plus objectif des médias pour visionner son bilan. Ce qui impliquerait que beaucoup sortent de leur fonction de réceptacle des malfaçons sarkoziennes. Et de l'antienne selon laquelle il a « bien mérité » ce qui lui arrive. Par « maladresse », disent les plus indulgents, par « précipitation hasardeuse », assurent les modérés, « par incompétence », tranchent les intransigeants. Petite revue des réquisitions.

Les laïcs chassés par le religieux ?

Ce sera une de ses premières « erreurs ». En multipliant, dès les premiers mois de son mandat, les déclarations faisant référence aux racines chrétiennes de la France, Nicolas Sarkozy a suscité l'inquiétude des défenseurs de la séparation entre l'Église et l'État. Prononcée à l'occasion de la prise de possession de son titre de Chanoine de la basilique de Saint-Jean-de-Latran, son prêche du 20 décembre 2007 à Rome a fait sonner la cloche aux oreilles des laïcs… Le président venait d'assurer sans plus de circonspection que la France avait « besoin de Catholiques » et qu'elle était devenue « la fille aînée de l'Église ». Dans la foulée de ce bruyant pèlerinage, son discours du 14 janvier devant le Conseil consultatif saoudien à Riyad où il a insisté sur le fait que « dans le fond, dans chaque civilisation, il y a quelque chose de religieux », et cité « Dieu », le chef de l'État s'est attiré des commentaires peu amènes dans la presse. « La position du missionnaire », a titré *Libération* (16 janvier) avant de crier « Et la laïcité mon Dieu » (26 février), quand *Le Monde* (18 janvier) évoquait « les inquiétudes » sur le rôle conféré aux religions par Nicolas Sarkozy. Avant de consacrer une pleine page le 15 février à « Sarkozy et Dieu ». Ce mélange entre une conviction personnelle qui relève de la sphère privée, et la parole prononcée au nom de la République française, fut longtemps maintenu à son passif par les commentateurs. Ses efforts pour rétablir la frontière n'ont pour ainsi dire jamais été soulignés…

Les profs méprisés ?

Si leur penchant vers la gauche ne fait pas mystère, les professeurs avaient écouté avec intérêt le candidat qui voulait les voir « plus diplômés » pour être « plus respectés » et « retrouver leur statut d'antan ». Patatras. Des déclarations de Latran où il affirme que

« dans la transmission des valeurs et dans l'apprentissage de la différence entre le bien et le mal, l'instituteur ne pourra « jamais remplacer le curé et le pasteur », à celles visant peu après à leur imposer la lecture de la lettre de Guy Môquet, en passant par l'obligation pour les élèves de CM2 d'accomplir un devoir de « mémoire » pour 10 000 enfants juifs victimes de la Shoah, Nicolas Sarkozy a provoqué leur courroux. « Une fois de plus l'injonction politique, sans concertation », ont réagi en chœur les syndicats, annonçant une rupture irréversible. Puis vinrent les réformes, celle du primaire, incomplète, celle des lycées, un raté, celle des universités, un véritable succès du quinquennat. Elle sera passée sous silence devant le débat sur la suppression des postes dans l'Éducation nationale. Mais qui a parlé du produit des économies ainsi réalisées et reversées aux professeurs (principalement ceux des lycées) pour leur permettre de « gagner plus » ? Quelques experts certes, mais peu ou pas de journalistes. Ces heures supplémentaires coûtent pourtant 1 milliard d'euros à l'État. Aucun des bilans journalistiques de l'action du gouvernement pendant le quinquennat n'en fera état. La colère des syndicats d'enseignants et celle de Jack Lang[1] seront mieux relayées par la presse.

---

1. *Pourquoi ce vandalisme d'État contre l'École ? Lettre au Président de la République*, par Jack Lang, Le Félin, 2011.

Les chercheurs offensés ?

Le 22 janvier 2009, Nicolas Sarkozy reçoit à l'Élysée présidents d'universités, directeurs de grandes écoles et d'organismes de recherche, et chefs d'entreprise. Tout ce que la France compte de plus belle matière grise se retrouve pour lancer la « Stratégie nationale de Recherche et d'Innovation ». L'assistance n'est pas forcément acquise à sa politique mais en tout cas curieuse de ce qu'elle va entendre : un projet de réforme. Enfin. Encore une fois patatras… Le président va qualifier la qualité de la recherche en France de « médiocre ». Elle serait prisonnière d'un système de fonctionnement « paralysant et infantilisant » où les organismes « gaspillent temps et argent ». Passé inaperçu dans la presse, le discours sera diffusé sur le Net avec un taux de lecture rarement égalé. Plusieurs montages ont été mis en ligne, dont l'un a été visionné plus de 200 000 fois ! Pourtant lancée par la ministre Valérie Pécresse, la réforme de la recherche sera mal acceptée des chercheurs et jamais reprise dans la presse.

Les syndicats négligés ?

Il savait qu'il avait une carte à jouer. En nouant de nouvelles relations avec les organisations syndicales, en usant de son aisance à communiquer,

Nicolas Sarkozy pensait sortir de cette guerre larvée qu'elles entretenaient avec le pouvoir. Dès le début de son mandat, il reçoit ses dirigeants à l'Élysée. Le catalogue des réformes d'emblée annoncé est imposant. Représentativité syndicale, service minimum, régimes spéciaux de retraite… Le président sait que tout ne passera pas comme une lettre à la poste, mais au rythme du « donnant-donnant », cher à Ségolène Royal. Orfèvre en câlinothérapie syndicale, Raymond Soubie, son conseilller social chargé de déminer les réformes, est prié d'obtenir des résultats. Il s'y attellera si bien qu'on imaginera parfois surgir une sorte d'« alliance objective entre le président de la République et le secrétaire général de la CGT Bernard Thibault » (*Slate.fr*, le 7 mars 2010). Entre puissants dominateurs on se comprend. Pas longtemps dans le cas précis. Le désir du président d'aller vite dans la mise en œuvre de son programme va doucher les grandes centrales qui demandent du temps pour négocier. Les petites phrases assassines feront le reste. « Je ne demande pas aux syndicats d'applaudir les réformes. » (septembre 2007) « Le problème de la France, c'est qu'on ne travaille pas assez. » (avril 2008) « Je crois au droit de grève individuel, pas à la prise d'otages. » (mai 2008) La douloureuse application de la réforme des retraites complétera le tableau… Parce que le gouvernement a décidé de faire adopter son texte par le Parlement malgré les manifestations monstres, les leaders syndicaux ne retiennent plus leurs troupes amères. Ni leurs coups : « Je souhaite, comme une majorité de Français, un autre président pour la France », répète maintenant volontiers Bernard Thibault dans les fédérations de la CGT. La presse « sociale » s'en fait tout naturellement l'écho.

Les chefs d'entreprises trop taxés ?

Invité de l'université du Medef fin août 2007, Nicolas Sarkozy retrouvait sous le soleil d'été les clameurs qui avaient suivi son élection de mai. Acquis à sa cause, les dirigeants euphoriques buvaient ses paroles. Il ferait « baisser les charges des entreprises », le vœu pieux martelé depuis des lustres dans toutes les assemblées patronales. Le ton a changé depuis. Pour une raison simple. Certes, le président a dit « oui » à la suppression de la taxe professionnelle vilipendée par les patrons depuis sa création… Certes, il n'a pas alourdi l'impôt sur les sociétés et préservé bon an mal an les dispositifs fiscaux favorables aux très hauts revenus de leurs dirigeants. Mais pour trouver des recettes nouvelles par temps de crise, il a multiplié les taxes pesant sur les entreprises. « Il en a créé une par jour », se sont lamentés devant nous des P.-D.G. proches de l'UMP, et principalement les « moyens et petits » qui forment des bataillons de son électorat. Loin d'être la bible préférée des possédants, *Le Canard*

Enchaîné a tiré la sonnette d'alarme dès le 3 septembre 2008 avec une petite revue des ponctions opérées sur les entreprises en un an et demi. Le titre est évocateur : « Sarko crée un impôt nouveau par mois »… *Le Monde* fera les comptes le 25 octobre 2010 au moment de la discussion du Budget 2012 à l'Assemblée. « M. Sarkozy "n'augmente pas les impôts" mais… crée depuis 2007 près de quarante nouvelles taxes et suppressions de niches fiscales. » Fi des chiffres trop précis ! C'est le sens de la courbe qui compte… Après moult tensions, le divorce avec le patronat est consommé au printemps dernier avec sa dernière idée pour augmenter le pouvoir d'achat. En imposant sans concertation à toutes les entreprises de verser une prime aux salariés en fonction des dividendes versés aux actionnaires, il s'est immiscé dans leur gestion, au grand dam des dirigeants. Ce qui a permis à Laurence Parisot, présidente du Medef, d'être invitée sur les ondes pour expliquer les raisons de sa colère. À juste titre. Mais peu de questions lui seront posées sur les aides concédées, ou maintenues, pour les entreprises par le biais des allègements de charges. Un silence, qui, à l'évidence, fait leur « affaire ».

Les élus piétinés ?

Ils étaient tous derrière lui. Comme un seul homme. Maires des petites communes, conseillers généraux ruraux, parlementaires UMP en quête d'un successeur à Jacques Chirac, les élus de la droite républicaine de France et de Navarre vénéraient ce successeur idyllique de leur vieux mentor assoupi par la maladie. Éblouis pour la plupart par cette énergie hors du commun, cette volonté de faire bouger nos institutions vieillissantes, ils se disputaient pour faire partie de la petite élite fréquemment reçue à l'Élysée. Et tous revenaient irradiés par sa parole. « C'est un génie politique », nous a confié un jour Christine Boutin illuminée par le sermon qu'elle venait d'entendre dans l'antre du Palais. En très bonne place parmi les « humiliés » de Nicolas Sarkozy depuis son départ du gouvernement, choyée par les médias qui raffolent de ses reproches à son bourreau, elle illustre mieux que quiconque le fossé creusé en quelques années entre le chef incontesté de la majorité, le dirigeant qui séduit l'autre camp, et le président qui les aurait dédaignés.

La déroute historique de la droite aux élections sénatoriales de septembre dernier n'aurait d'autre explication. À la rancœur des ministres débarqués et au doute des parlementaires inquiets pour leur avenir, s'est ajoutée l'amertume des petits élus ruraux. Qui sont aussi les grands électeurs du scrutin sénatorial ! L'exposé de leurs griefs est souvent le même. Ils n'auraient pas supporté de voir la réforme des collectivités locales s'échafauder sans eux. Le Tour de France accompli par l'ancien ministre Dominique Perben chargé d'une campagne dans les fédérations, les longues heures de débats menés au sein du Comité *ad hoc* présidé par Édouard Balladur pour servir de base au projet, sans compter les nombreuses discussions préalables au vote du texte, apportent un bémol à ce reproche. S'ils ont bien été déstabilisés par la réforme, c'est peut-être pour n'avoir pas assez été concertés, mais d'abord parce qu'elle va bousculer des baronnies de l'intercommunalité (groupements de communes), et supprimer au moins deux mille élus locaux avec la création du conseiller territorial… De droite ou de gauche, aucun ne souhaite voir disparaître, si petit soit-il, un lopin de sa terre électorale. L'homme qui a déclenché la valse à venir sans les égards requis n'est autre que Nicolas Sarkozy. En donnant largement la parole aux déçus de la réforme à l'instar du *Monde* du 27 septembre 2011, les commentateurs auront occulté une part essentielle de l'analyse. Là encore, la manière présidentielle fut mise en cause pour contester la matière d'une réforme.

Les magistrats humiliés ?

« Réformes incohérentes, parquet aux ordres, budget pas à la hauteur… » Relatée presque en direct le 14 octobre par *Le Point.fr*, la première journée du congrès de l'USM (Union syndicale des magistrats) qui se tenait à Cour d'Appel de Paris a pris l'allure d'un réquisitoire contre le pouvoir. « Désespoir, l'espoir », le thème retenu par le syndicat majoritaire de la profession en dit long sur la dégradation de ses relations avec Nicolas Sarkozy. Non pas que les juges aient manifesté un quelconque enthousiasme à son égard au moment de son élection. Peu s'en faut. Classé officiellement à « gauche » comme *Le Monde* le précise quand il lui donne la parole, le Syndicat de la Magistrature (SM) s'est même d'emblée positionné contre lui. Le président n'avait-il pas développé ce don de « la petite phrase qui tue » pour aiguillonner les magistrats quand il était à l'Intérieur ? À peine arrivé à l'Élysée, une plaisanterie les comparant à « des petits pois tous identiquement calibrés » les avait braqués. Pour toujours… Accusant le chef de l'État d'intervenir auprès du Parquet qu'il voudrait mettre « à sa botte », de multiplier les lois, notamment sécuritaires, qui compliqueraient leur travail, ils ne donneront jamais le moindre crédit à son action. L'arrivée de Rachida Dati à la Chancellerie, jugée un peu « juste » pour tenir ce ministère régalien, avait de surcroît aiguisé leur méfiance initiale. Dans ce contexte, le projet de suppression du juge d'instruction, perçu comme une reprise en mains du pouvoir judiciaire, a déclenché un tollé. Et provoqué, le 29 mars 2011, une manifestation inédite dans l'histoire de la Ve République où magistrats, greffiers, conseillers d'insertion, personnels pénitentiaires et même des avocats, ont défilé côte à côte dans la rue pour réclamer « un plan d'urgence pour la justice ». De fait, la révolte avait éclaté après les déclarations de Nicolas Sarkozy dénonçant des « dysfonctionnements graves » dans la chaîne judiciaire et promettant des « sanctions » à la suite du meurtre de la jeune Laetitia dont le présumé coupable serait un récidiviste libéré peu avant par la « justice ». Ce fut la dernière observation à voix haute du président de la République à l'attention des magistrats. Mais le contentieux était trop lourd. L'animosité tenace. En revanche, les magistrats bénéficieront toujours du soutien de la presse, en particulier des journalistes d'investigation, qui savent entretenir des relations cordiales avec eux. Elles seront forcément utiles le moment venu pour recueillir des informations dans les affaires « sensibles ». Le retentissement médiatique de l'ouvrage de Gérard Davet et Fabrice Lhomme[1], où les deux grands reporters du *Monde* en charge des enquêtes délicates livrent les confidences de la juge Isabelle Prévost-Desprez sur l'affaire Bettencourt – qu'ils suivent eux-mêmes pour le quotidien – attestera de cette proximité. Et de leur volonté de montrer comment, à partir des témoignages des vingt-six autres « victimes » de Nicolas Sarkozy, il aura fait « main basse sur la justice »

____

1. *Sarko m'a tuer* par Gérard Davet et Fabrice Lhomme, Stock, 2011.

(*L'Express* du 28 mai 2009). Saluées, leurs révélations ne seront pas remises en question dans les médias. Ni sur le principe, qui voit des magistrats confier au jour le jour des éléments d'enquête à des journalistes, ni sur le fond où persistent certaines allusions sans preuve… Seule Nadine Morano, connue pour son franc-parler, osera briser le tabou en évoquant tout haut les « racines trotskystes » des auteurs, et leur volonté de « déstabiliser » le pouvoir. Fabrice Lhomme est en effet proche d'Edwy Plenel, qui n'a jamais renié ses accointances avec les disciples du révolutionnaire russe. Ils ont travaillé ensemble à la création de *Mediapart*, avant que Fabrice Lhomme ne revienne au *Monde*. Pan sur le bec pour la secrétaire d'État, aussitôt taclée sur plusieurs sites du net d'« inconditionnelle sarkozyste ». Ses « insinuations de bas étage aux chevaliers blancs de notre démocratie en péril » lui valaient bien un tel ramage des tenants de la bienséance ! Face à leur détermination, Nicolas Sarkozy sera donc à la peine s'il veut blanchir son image de président de la République respectueux de l'institution judiciaire. À côté de leurs accusations, les deux relaxes de Dominique de Villepin dans l'affaire Clearstream feront pâle figure pour prouver que les magistrats sont restés indépendants tout au long de ce quinquennat coupable !

Persuadés que certains juges marchent main dans la main avec les réseaux des journalistes « gauchistes » motivés pour miner le régime, les proches de Nicolas Sarkozy redoutent que la presse ait tenu là son meilleur rôle auprès de l'opinion. En renforçant le « tous pourris », slogan refuge des citoyens désabusés. Leurs craintes seront justifiées au regard de l'écho négatif qui s'est propagé au trimestre dernier autour des « affaires ». Mais l'implication de la classe politique tout entière relativise les attaques sur la déviance sarkozienne et fait plutôt le bonheur des partis extrémistes. Ne resterait à la charge du président que la manière, peu conventionnelle, de présenter ses réformes comme une punition infligée à un corps écorché.

L'a-t-il bien mérité ? À regarder de près comment, avec l'aide d'une presse plus empressée à moquer ses coups de menton et ses tics d'épaule qu'à vanter ses mérites de réformateur, Nicolas Sarkozy a perdu une bonne part de son capital électoral, on se demande s'il aurait pu faire autrement. Trop « clivant » à l'égard de la bien-pensance, il serait privé de l'impartialité due à tout élu du peuple. Et en particulier au président de la République. Sa « métamorphose » parfois reconnue dans les médias (*L'Express* du 17 juin 2009, *Le Parisien* du 25 août 2011) sera aussitôt moquée comme un simple artifice démagogique. Bien des commentateurs traqueront jusqu'au bout sa « vraie nature » sous le nouvel habit.

Chapitre 10

LE PRÉSIDENT QUI NE TENAIT PAS LA PRESSE

« Servilité »… Le mot est lâché par Vincent Peillon dans une interview au *Monde* du 14 janvier 2010. En cause, les dirigeants de France Télévisions qui serviraient, sous la contrainte, les intérêts du chef de l'État. En réalité, le député européen socialiste cherchait à se disculper de sa défection de dernière minute à l'émission d'Arlette Chabot programmée ce jour-là sur France 2. Invité d'« À vous de juger » par la directrice de la rédaction afin de débattre de l'identité nationale avec Éric Besson et Marine Le Pen, il n'aurait pas voulu cautionner par sa présence « un exercice visant à aider le ministre de l'Immigration ». Rien, forcément, sur sa promesse faite quarante-huit heures plus tôt à l'animatrice. Sidérée qu'il puisse affirmer l'avoir prévenue, elle apprendra que l'agrégé de philosophie n'aurait pas apprécié d'être réservé pour la seconde partie quand d'autres ténors du PS bénéficient d'un sort plus flatteur. Manière de donner une autre dimension à cette inélégante politique de la chaise vide, il profitait de l'incident peu glorieux pour fustiger la « télé Sarkozy », à l'approche de la nomination du patron du service public par le président de la République. Lequel « exerce déjà des pressions sur le travail des rédactions ». Et de demander dans son élan la démission d'Arlette Chabot ! Cela sans oublier de fustiger « la mainmise » du chef de l'État sur de nombreux médias privés par « sa proximité avec les propriétaires des principaux groupes privés ». Volant à son secours pendant le week-end qui suivit, plusieurs de ses amis socialistes, dont le député de Paris Patrick Bloche, ont dénoncé « la soirée sur mesure » mitonnée par TF1 le 25 janvier à l'attention du président de la République, qui serait entouré, pour une causerie à bâtons rompus, de Français « choisis par la Une » et donc triés sur le volet…

Nous l'avons vu, cette accusation de complicité fut portée avant même l'arrivée de Nicolas Sarkozy à l'Élysée. Sa proximité avec Serge Dassault, Bernard Arnault, Vincent Bolloré et Arnaud Lagardère aurait dû lui interdire de franchir les portes du Palais présidentiel pour cause de collusion assurée. S'il est vrai qu'Étienne Mougeotte, directeur du *Figaro*, affichera clairement son soutien à Nicolas Sarkozy, notamment à travers les titres du quotidien souvent

« retravaillés » pour embarrasser le parti socialiste[1], les francs soutiens au président de la République n'ont pas été légion pendant le quinquennat. Impossible de nier qu'il fut très présent sur nos écrans dès son élection. Les chaînes devaient bien assurer le suivi d'une action tous azimuts qui donnait presque le tournis aux cameramen. Vite sur un tarmac pour l'arrivée de l'avion présidentiel, en piste pour la réunion avec les agriculteurs locaux, schuss à l'usine où l'attendent des salariés bientôt licenciés, en route pour la réunion à la mairie avec les élus, le rythme est harassant. Et reprend, encore plus éprouvant, le lendemain. Mais les directs conçus à sa demande sur les plateaux télévisés furent beaucoup plus rares qu'on ne le dit. Très vite accusé de frénésie communicante, de privilégier le spectateur au citoyen, Nicolas Sarkozy s'est plutôt livré à une cure d'abstinence télévisuelle dans la seconde partie de son mandat. L'émission spéciale du jeudi 27 octobre 2011, diffusée sur TF1 et France 2 en pleine crise de l'euro, clôturait un silence de huit mois…

Force est de constater que le procès en « berlusconisation de la presse » ne pouvait guère porter sur ses propres apparitions télévisuelles. Il est tout autant injuste de dénoncer des relations consanguines avec

---

1. « Affaire Banon-DSK : François Hollande va être entendu. » L'énorme manchette qui barrait la Une du *Figaro* du 19 juillet 2011 fut, à juste titre, très décriée par le Parti socialiste et même par des membres de la droite.

les rédactions de la presse écrite tant les comptes rendus et les analyses des « rubricards » se sont avérés sévères… Gage de leur crédibilité et de la confiance de leurs lecteurs, les patrons des grands quotidiens et des magazines répugnent à chapeauter leur travail pour l'orienter. Tous les journalistes politiques de « la base » ont appris depuis belle lurette à marquer leur indépendance. Ce sont eux qui courent derrière l'événement, eux qui s'essoufflent à la recherche de la petite phrase ou du bon cliché, eux qui se font rabrouer par des services de presse débordés. Alors pas question de se laisser dicter leur papier par des chefs qui restent cloués dans leurs bureaux ! Reste que les chroniqueurs peuvent avoir des affinités politiques. Pour l'UMP ? Ils ne sont pas nombreux. Pour Nicolas Sarkozy lui-même ? Encore moins. L'espèce est rare et traquée par les gardiens de la bien-pensance prêts à bondir sur ses malheureux survivants. Afficher en revanche sa familiarité avec le Parti socialiste est beaucoup mieux perçu. Solférino compte beaucoup de familiers. Spécialiste du PS, dont il connaît tous les contours, Michel Noble-court, journaliste et éditorialiste au *Monde*, peut accompagner Martine Aubry à un déjeuner avec la presse quotidienne régionale. Nous l'y avons vu faire quelques apartés avec la Première secrétaire témoignant d'une très grande complicité. Au point d'apporter si besoin des précisions pour éclaircir un point mal compris des invités. Ce qui n'a rien de répréhensible, mais serait moins bien admis de l'autre côté de l'échiquier… Si les incriminations sur le « Sarkoshow » permanent avaient un bien-fondé, ce serait plutôt dans un autre registre.

D'abord, Nicolas Sarkozy a agi, par des annonces quasi subversives, avec les médias comme avec d'autres catégories de professions. À la hussarde. Suppression de la publicité dans le secteur public, nomination du patron de France Télévisions par le président lui-même furent autant de choix impromptus difficiles à digérer. Même si dans les faits, les mesures avaient leur propre raison. Même si, dans leur mise en œuvre, elles ont révélé leurs limites, voire leur impuissance à réellement servir les intérêts de leur initiateur. Fustigé pour s'être arrogé le droit de choisir le président du service public télévisuel, Nicolas Sarkozy fut moqué pour avoir dû se résigner à une solution consensuelle dès le premier « essai ». À la surprise générale, Rémy Pflimlin, vieux routier peu charismatique de la profession, fut désigné pour remplacer le plus flamboyant Patrick de Carolis, candidat à sa propre succession, dont le bilan était jugé honorable mais les relations avec l'Élysée étaient devenues exécrables. Pointilleux sur la qualité de son travail, il n'avait pas du tout aimé que le président accuse la télé publique de ressembler à la télé privée… Et il l'avait fait savoir bruyamment au micro de RTL, qualifiant le jugement présidentiel de « faux et injuste ». Une telle résistance aurait scellé son sort. Et privé de liberté le chef de l'État, une nouvelle fois pris à partie par les médias pour son immixtion dans la marche de la télévision publique. Exit donc Alexandre Bompard, jeune dirigeant d'Europe 1, le favori du chef de l'État pour ce fauteuil convoité. Sa promotion augurait trop de l'allégeance à venir. Une « pantalonnade », se moque *Télérama*. Jean-Luc Hees en fit la délicate expérience. Promu à la tête de Radio France, il fut l'objet de bien des quolibets quand il décida de limoger Stéphane Guillon et Didier Porte, tous deux coupables à ses yeux, et au regard de bien d'autres, d'une grande irrévérence. Le premier est aujourd'hui recasé à *Libé*. Le second tient une chronique hebdomadaire sur RTL. Cherchez la censure…

Si cet épisode atteste de la propension de Nicolas Sarkozy à intervenir dans la sphère médiatique, il atteste aussi des limites de l'exercice. Pour avoir cru, de manière presque naïve, qu'il pouvait « placer » les siens à des postes-clefs, il a dû réfréner ses désirs au fil des remous que provoquait la présence trop visible de sa main dans les changements d'organigrammes. Tout juste a-t-il appelé Rémy Pflilmin pour lui demander de ne pas oublier David Hallyday, le fils de son « copain », et son associé Cyril Viguier, désireux d'obtenir une émission sur France 3… Il peut aussi lui arriver de décrocher son combiné pour dire à Bertrand Méheut, le patron de Canal +, son ras-le-bol des satires éreintantes du *Grand*, et du *Petit Journal*. Mais aucun responsable de radio ou de télévision ne s'est plaint de desiderata, autrement graves, qu'il exprimerait pour orienter le contenu de l'information. Même Patrice Duhamel, directeur général de France Télévisions, admet dans son livre [1] publié après son départ du groupe, que s'il y a eu « intrusion de la part de Nicolas Sarkozy, cela portait beaucoup moins sur la politique que sur les programmes ». Ou pour satisfaire « un caprice ». Il se souvient de cet appel d'urgence de l'Élysée dans sa voiture et d'un président au téléphone lui réclamant, pour sa « soirée avec Carla », une vidéo d'*Apocalypse Hitler*… Arlette Chabot porte le même jugement assurant que « jamais il n'a été interventionniste sur l'info ». Et la nouvelle rédactrice en chef d'Europe 1 de « douter » que le président ait exigé sa tête à France 2 après la fâcheuse altercation de New York le 23 septembre 2009. Elle pense plutôt au conseil d'un ami zélé… Ce jour-là, pour des raisons « totalement irrationnelles », le président, qui participait à l'Assemblée générale du Conseil de sécurité de l'ONU, lui a infligé « devant tout le monde » une « avoinée » à l'issue de son interview réalisée sur place avec l'équipe de France 2. Avant de la prendre par l'épaule et de lui dire « Je ne t'en veux pas ». L'effet ne fut pas désastreux pour elle, mais pour lui.

Ainsi va Nicolas Sarkozy. Impulsif, colérique… Meilleur ennemi de lui-même. Capable de menacer

---

1. *Cartes sur table. Entretien avec Alain et Patrice Duhamel,* par Renaud Revel, Plon, 2010.

les journalistes de se souvenir de leurs mauvais services quand il n'en sera presque rien. Et de les persuader par un tel excès qu'il rêve bien de les museler. Incapable de faire taire les commentaires incendiaires sur son népotisme, quand Jean, le fils chéri trop vite pressenti pour prendre la présidence de l'Epad[1], s'est retiré il y a deux ans sur la pointe des pieds sans jamais revenir. Incapable de se maîtriser le jour où, furieux d'être interrogé dans la salle de presse du sommet de l'OTAN sur l'affaire Karachi, il réplique en s'indignant contre les dégâts de la rumeur infondée. Et demande aux journalistes interloqués : « Et si moi, j'ai l'intime conviction que vous êtes pédophiles ? » La suite est à l'avenant. Il quitte la salle dans un au revoir hallucinant : « Amis pédophiles, à demain ! »

C'est de ses terribles invectives que naîtra la méprise. Pour avoir tous assisté, atterrés, à une ou plusieurs scènes surréalistes, les journalistes se sont crus légitimes pour lui donner la réplique, par leur média interposé, dans la même tonalité. Il leur fait un bras d'honneur ? Il y aura droit à son tour, ne lui en déplaise. Seulement voilà. Le président « agit » comme il aime le répéter, et au plus haut niveau de l'État, quand eux « commentent » l'actualité en

-----

1. Établissement public pour l'aménagement de la région de la Défense. L'annonce mi-octobre 2009 de la candidature du fils de Nicolas Sarkozy, alors âgé de vingt-trois ans, à la tête de cet établissement a provoqué un tollé à gauche et dans la presse.

garants du bon fonctionnement de la démocratie. Cette liberté pouvait-elle les autoriser à transformer leur constat de l'insolence présidentielle en procès permanent de son incompétence ? C'est la vraie question que pose l'histoire de ce désamour. Sans nier la responsabilité de Nicolas Sarkozy, on ne saurait exonérer celle des médias. Tous ont toujours eu à cœur de ne pas se laisser asservir par les puissants qu'ils détestent encenser. Au premier chef, les présidents de la République. Mais avec lui, ce fut un déchaînement. Ils ont, au sens étymologique du terme, brisé les chaînes qui les attachaient à Nicolas Sarkozy quand il approchait seulement du sommet du pouvoir et que le copinage n'était pas encore coupable. Mais ils ont profité de leur émancipation pour mettre en pièces l'action de l'homme qui « ne faisait pas président ». Un peu comme si ces apôtres du politiquement correct trahissaient par tant de hargne leur attachement au respect des convenances. Des hiérarchies qui leur permettent de briller en venant frétiller dans leur bocal. Sans doute est-ce pour cette raison que l'hôte de l'Élysée ne les aime guère. Il les trouve « petits » dans cette lutte contre les grands. Exactement ce que déteste celui qui a gravi seul les échelons de la réussite et estime pouvoir en jouir sans arrière-pensée et sans être envié au même titre que les champions, les vedettes ou les patrons les plus fortunés. « C'est pas facile, vous savez, de diriger un pays comme la France », murmure souvent Nicolas Sarkozy devant un petit groupe de journalistes. Le léger sourire condescendant vient juste leur rappeler que cela ne risque pas de leur arriver… Il s'amuse aussi parfois à voir l'un d'entre eux, surtout s'il affiche au quotidien son hostilité, tenter d'obtenir discrètement une faveur personnelle. Nicolas Demorand fut de ceux-là pour une émission culturelle télévisuelle dans le service public…

De fait, le président de la République et les médias ont raté ensemble un grand rendez-vous. Par son talent de communicateur, le premier aurait pu moderniser leurs relations. Inaugurer une présidence différente où les échanges vifs mais sincères avec la presse auraient succédé à l'exercice éculé des conférences de presse compassées. Notre V\ :sup:`e` République serait sortie grandie de ce coup de plumeau. Mais Nicolas Sarkozy en avait-il les moyens ? À la fois engagés à gauche pour la plupart et sourcilleux des convenances du pouvoir dont ils aiment tant s'affranchir, dans leurs écrits comme dans leurs habits, les seconds ne lui ont pas laissé sa chance. Alors qu'il était certain de tous les garder dans son fan club des « petits Français de sang mêlé », loin des hiérarques de la noblesse et de l'énarchie, il fut décrié dans son paraître, humilié dans son être. Et s'est réfugié dans un exercice plus conventionnel de son mandat, plus distant des médias, toujours escorté d'un escadron de motards, en costume sombre derrière des vitres teintées. Le président sortant doit aujourd'hui relever un nouveau défi. Gagner une seconde fois. Sans eux.

Épilogue

« Le succès flatteur est de
conquérir, non de conserver. »
Stendhal

Pour mener à bien son programme et tenir ses
promesses de candidat, Nicolas Sarkozy fut à
l'évidence entravé par la crise. Elle fut même
« triple », dit-il, pour mieux montrer l'âpreté de sa
tâche. Les banques, les dettes des États puis l'euro,
furent autant d'obstacles dressés sur son chemin.
Opiniâtre, il a déployé des montagnes d'énergie
pour les surmonter. Avec des résultats que l'on
jugeait parfois mitigés. Mais sa plus grande bataille
fut sa relation avec l'opinion par médias inter-
posés. L'histoire avait pourtant bien commencé.
Quand il a déclaré sa candidature pour 2007, le
ministre de l'Intérieur de Jacques Chirac était
l'homme politique qui séduisait le plus les journalistes. Jamais une telle relation de proximité ne

s'était nouée entre un dirigeant important de notre pays et les commentateurs de son actualité. Ils ne mouraient pas tous, mais tous étaient frappés de sarkozysme. La contagion était inévitable tant il fascinait la presse (le troupeau ?) par cet itinéraire d'un enfant pas très gâté mais déterminé à parvenir au sommet du pouvoir au nez et à la barbe des mieux dotés. Il savait parler aux reporters, les associer à son ascension en leur livrant mille confidences pour les alimenter plus que nécessaire. Iconoclaste, inclassable, pourfendeur de l'hypocrisie en politique, il serait le premier artisan d'une rupture avec ses prédécesseurs. Une telle promesse de renouveau lui valut aussitôt la préférence d'une grande partie de la presse. Même ceux qui ne font pas mystère de leur engagement à gauche, et ils sont nombreux dans la profession, avaient oublié le tout sécuritaire et les excès du « nettoyage au Kärcher » pour lui donner le crédit nécessaire à sa conquête. Le couronnement du président élu haut la main fut un emballement.

Puis vint très vite une autre rupture. Pas celle qu'il appelait et qui serait le socle fondateur de son quinquennat, mais celle qu'il redoutait le plus. Les fautes de goût ayant foisonné dans les premiers jours de son mandat, la presse l'a vite lâché. Le président du rassemblement des Français s'était dévoyé au Fouquet's et envolé à Malte aux frais de milliardaires. Après l'adulation quasi collective, ce fut la diabolisation générale. La mode était lancée dans des médias décomplexés à la faveur de la connivence passée. Tu me tutoies, je te dis tout ce que je n'aime pas en toi.

Il n'est pas excessif de parler de déferlement contre Nicolas Sarkozy. Toute son action fut jugée à travers le prisme de ce bref, mais funeste, commencement. Il tiendra lieu de péché originel commis parce qu'il n'appartenait pas à cette caste dont on fait les puissants et qu'il n'en connaissait pas les codes de bonne conduite indispensables aux dirigeants. Le candidat légitime était devenu le président usurpateur. Il aura beau tout faire pour opérer sa mue, montrer combien il était capable de changer, les médias ne bougeront pas d'un iota. Et le procès en incompétence va perdurer. Ce qui ne fut pas sans influence sur la perception des réformes qu'il menait face aux réserves de Français rétifs quand on touche à leurs acquis et sans l'aide d'une presse qui répugnait à les soutenir. Préférant souvent la caricature de l'homme à la moindre enjolivure de son action, elle ne fut pas la simple caisse de résonance d'une opinion désappointée, mais aussi l'instigatrice de ce désamour.

« Au-delà de politiques contestables, voire détestables, au-delà de déclarations peu dignes de la fonction, on peut ne pas partager l'antisarkozysme virulent, sans nuances, aveuglé par la "manière" du président, au point d'oublier qu'il a fait et fait de la politique. Car si la politique est aussi la décision et l'action, le courage de la décision et de l'action, on devrait déplacer quelque peu le curseur du jugement sur l'action de Nicolas Sarkozy. Malgré toutes les critiques sur le style et le fond, on a le droit d'apprécier le volontarisme en politique – il y en a si peu ailleurs ! –, les coups de pied dans la fourmilière. J'allais dire dans notre fourmilière d'évidences, de bons sentiments, d'arguments trop immédiatement moraux et trop peu politiques, de statuts et d'avantages définitivement acquis aux classes moyennes et aux salariés bénéficiant d'un emploi. Nicolas Sarkozy a accepté d'être impopulaire, sur les retraites par exemple [...]. C'est un exemple parmi d'autres. On devrait surtout lui rendre justice pour sa capacité "souveraine" d'action et de décision dans les situations exceptionnelles de politique extérieure et intérieure, et on devrait le faire même hors du succès acquis aux yeux de tous ou incontestable au jugement de l'histoire future. »

L'éloge ne vient ni d'un membre de l'UMP, ni d'une groupie fâcheusement éblouie, mais de Jean-Louis Schlegel, éditeur aux éditions du Seuil et conseiller de la revue *Esprit*, qui affiche une sensibilité de gauche. Publiée dans *Le Monde* du 6 octobre 2011, sa tribune illustre ce que nous avons voulu montrer. Les excès de l'antisarkozysme, dûs pour partie aux propres débordements du président, ont occulté les bons points de son action.

Même Franz-Olivier Giesbert en conviendra dans son éditorial du 8 décembre (*Le Point*) : « Force est de constater que l'humour passe de moins en moins bien le tamis de la bien-pensance qui s'offusque de tout [...], sauf bien sûr si l'on se moque de Nicolas Sarkozy, y compris sur son physique : là, ce n'est pas seulement autorisé, c'est même encouragé par nos nouveaux commissaires politiques. »

Le président mal aimé a-t-il pour autant « déjà perdu », comme l'ont prédit tant de couvertures de magazines ? Face à François Hollande, un adversaire socialiste à la hauteur du combat, la lutte sera rude. Cela d'autant que le champion de la gauche bénéficie d'un fort crédit auprès des journalistes et de la mouvance progressiste qui s'ajoute au besoin aigu d'alternance dans un pays en crise. Le champion du PS ne serait plus seulement le favori mais le sortant... Avec l'avantage qui en découle normalement. Depuis sa désignation comme candidat à l'issue de la primaire socialiste, Nicolas Sarkozy est presque devenu le challenger de François Hollande.

Un challenger qui ne suscite plus l'enthousiasme des médias comme en 2007, mais peut encore transformer cette carence en avantage. Déjà dénoncés par quelques observateurs, le désir de « sortir » de Nicolas Sarkozy et la mise au pilori médiatique qu'il a dû subir pourront le servir. Il peut, en effet, s'efforcer de convaincre les Français qu'il paye par cette aversion le prix d'un travail courageux au service de la France. Alain Juppé a connu cette rémission par la souffrance… Premier ministre « droit dans ses bottes » en 1997, il était juste bon à jeter aux orties. Revenu après une longue tempérance, il a retrouvé une grâce médiatique. Alors pourquoi le président ne séduirait-il pas à nouveau une presse lassée du dénigrement ? Elle pourrait admettre que l'impopularité du chef de l'État puisse être la garante d'un vrai bilan et de bon augure pour celui à venir. Se dire que son obligation de changer, s'il veut gagner, fait de lui le candidat du renouveau… Pour comprendre comment ce désamour entre le chef de l'État et les médias peut être transcendé, il faut s'être penché sur son histoire.

ANNEXE

L'ANTISARKOZYSME EN LIGNE

Les principaux sites

www.mediapart.fr
www.lepost.fr
www.rue89.com
www.backchich.info

La blogosphère

sarkostique.over-blog.com
sarkozynews.canalblog.com
www.antisarko.net
anti-sarkomania.over-blog.com
droitemoderne.blogmilitant.com

Youtube et Dailymotion

www.youtube.com
Vidéo du salon de l'Agriculture où Nicolas Sarkozy prononce la phrase : « Casse-toi pauvre con ! » et où il perd son sang-froid devant les pêcheurs du Guilvinec.
Les *Simpsons* et leurs vidéos avec Carla Bruni.

9 782709 639453